Sterben im Zeichen der Wandlung

Reinhard Lier

Sterben im Zeichen der Wandlung

Gedanken zur seelischen Betreuung Sterbender und zum Leben im Jenseits

LIER-VERLAG

Reinhard Lier:
Sterben im Zeichen der Wandlung
Gedanken zur seelischen Betreuung Sterbender
und zum Leben im Jenseits

1. Auflage 1993: 1. bis 3. Tausend
Copyright
LIER-VERLAG
Wege zur Wahrnehmung + Chance im Sein
Alle Rechte vorbehalten

LIER-VERLAG
Jochenmatt-Weg 22
D-76532 Baden-Baden

Direkte Bestellung über:
Tel.: 07221-18 03 98
Fax: 07221-18 03 99

Satz und Gestaltung: Reinhard Lier
Lektorat: Jürgen Herrmann
Druck: Naber, Hügelsheim
ISBN: 3-929240-07-6

Es empfiehlt sich, dieses Buch im Zusammenhang zu lesen,
da ein Teil auf dem anderen aufbaut.
Zur Information: Wenn ich in meinen Ausführungen von Gott in
der 3.Person oder dem »Herrn« spreche, so geschieht dies fast
immer mittels Großschreibung: ER, IHM, der HERR.

Inhaltsverzeichnis

Mit den Wahrnehmungsorganen Deines
Körpers erfasse die äußere Welt.

Mit den Sinnen Deiner Seele
erspüre die innere Welt.

Mit Deinem Herzen begegne GOTT,
DER da ist gegenwärtig in
JESUS CHRISTUS.

Vorwort zur neuen erweiterten Auflage

Seit dem Erscheinen meiner Broschüre »Abschied und Ankunft« im Jahre 1989 haben fast 15.000 Exemplare aufgeschlossene Leser gefunden, wie mir die vielen Rückmeldungen immer wieder bestätigten. Aus rechtlichen Gründen mußte der Titel »Abschied und Ankunft« jetzt geändert werden.

Die neue Version »Sterben im Zeichen der Wandlung« stellt eine Überarbeitung und Erweiterung jener Broschüre dar. In der Hoffnung, das Wesentliche in aller Kürze verständlich zu machen, möge dieses Buch als Einstieg in die Thematik mit praxisnahen Beispielen dienen. Ich sehe einen guten Teil meiner Arbeit als Heilpraktiker darin, hilfesuchenden Menschen gerade auch in diesem Bereich beratend beizustehen. Unwissenheit auf diesem Gebiet führt zu viel Not und Elend. Eine umfassende, in die Tiefe der Thematik gehende Aufklärung ist im Zeitalter intellektueller Verstiegenheit dringend *not-wendig*.

Reinhard Lier   Freiolsheim, den 5.03.93

Einleitung

Mit dieser Schrift möchte ich Mut machen, die wirklichen Fragen des Leben zu stellen: Wer bin ich, woher komme ich und wohin werde ich gehen?

Wir Menschen begegnen einander, verbringen eine Lebenszeit zusammen, und es folgt das Abschiednehmen, der Tod des Körpers. Mich erstaunt es immer wieder, wie gedankenlos doch viele von uns so dahinleben und vielleicht nie die lebens- und sterbensnotwendigen Fragen stellen oder dies erst am Ende des Lebens tun. Sicherlich sind viele Menschen beim Thema »Sterben und Tod« voll Angst und fühlen sich hilflos, so daß sie es hinausschieben und verdrängen, bis eben die letzte Stunde auf Erden kommt. Viele verstehen sich selbst auch nur als der Körper, der nach dem Tod in der Erde zerfällt oder verbrannt wird. Sie glauben nur an das, was die äußeren fünf Sinne zu vermitteln vermögen (ich bin auf diese Bewußtseins-Problematik in meinem Buch »Augenblicke des Erwachens« ausführlich eingegangen).

Ich will hier versuchen, die seelische Seite des Lebens in der engen Verknüpfung von Diesseits und Jenseits zu beleuchten. Dies geschieht anhand der uns heute zur Verfügung stehenden Forschungsergebnisse und persönlicher Erfahrungen. Häufig begegnete ich Menschen, die mir Erlebnisse schilderten, die sie selber nicht verstehen und einordnen konnten. Mir war aufgrund eigener Erfahrungen schnell klar, daß diese Menschen das sogenannte Jenseits, die reine Seelenwelt, erfahren hatten. Über diesen Lebensbereich ist bisher öffentlich wenig gesprochen worden. Erst in den letzten Jahren (in bestimmten Gemeinschaften jedoch schon viel länger) wächst das Interesse für die Jenseits-Thematik und damit verbunden die Frage nach dem Sterbevorgang.

Was können wir tun, um menschenwürdig zu leben und zu sterben? Ankunft und Abschied sind immer zwei Seiten einer Medaille. Wir betreten das Haus des irdischen Lebens bei der Geburt des Körpers (genauer gesagt beginnt dieser Vorgang schon bei der Befruchtung der Eizelle!) und verlassen es beim Tod desselben.

Aber wer ist das: »Wir«? Wer sagt »ich«, wenn es heißt »Ich habe Kopfschmerzen«? I c h, die S e e l e, die einen Körper bewohnt. Ich komme und ich gehe. Ich nehme Abschied von der irdischen Welt und erlebe meine Ankunft in der jenseitigen, anderen Welt. Abschied und Ankunft, das eine geschieht nie ohne das andere. Beruhigt uns das nicht ein wenig? Wir gehen nicht verloren, sondern sind in der Hand des Ewigen, Lebendigen geborgen. Haben wir das nur vergessen? Erinnern wir uns! Denn Erinnerungen sind doch das, was innen in uns verborgen liegt. Ich meine, da ist mehr zu finden, als viele glauben: in unserer Innenwelt, der Welt der Seele.

Die Zeit scheint reif zu sein, zum einen über den Sterbevorgang offen zu sprechen, zum anderen die Frage nach dem Jenseits, dem »Leben danach« mit Nüchternheit und wachem Herzen zu stellen. Auf diesem Gebiet herrscht zur Zeit eine explosionsartige Informationsflut mit ihren Licht- und Schattenseiten. Offenbar haben wir etwas nachzuholen, fehlt uns der Zugang zu einem elementaren Wirklichkeitsbereich. Der Mensch des Maschinen- und Computerzeitalters ist buchstäblich einseitig geworden: ihm ist die innere, die seelisch-geistige Dimension weitgehend abhanden gekommen. Was ihm fehlt, das ist zu einem ausgeprägten und folgenschweren »Fehler« geworden, der krank macht. Mögen wir den Mut haben, das »Fehlende« in unser Bewußtsein zu integrieren, um gesund, ganz, eben heil zu werden.

Körper, Seele und Geist

Das dreigliedrige Menschenbild von Körper, Seele und Geist ist den meisten Lesern dieses Buches wahrscheinlich vertraut. Die Anthroposophie Rudolf Steiners spricht noch differenzierter von verschiedenen energetischen Zuständen. Für unsere Betrachtungen sollen hier die Begriffe »Seele« und »Körper« und weiterführend »Geist« genügen.

Die Körperebene ist uns am vertrautesten, da wir sie mit unseren fünf Sinnen mühelos wahrnehmen können. Ihre Grobstofflichkeit läßt uns buchstäblich *begreifen*, worum es geht. Die Nahrungsaufnahme mit ihren Verdauungsprozessen zum Beispiel stellt etwas sehr Verbindliches, Zwingendes dar. Der körperliche Mensch braucht Vitalstoffe, um seinen Körper lebensfähig zu halten. Körperschmerzen machen uns bewußt, daß wir stofflich existieren und gegen die harmonische Ordnung dieses Wunderwerks mit seinen vielen Organprozessen verstoßen haben.

In zunehmendem Maße stoßen unsere Wissenschaftler aber auf einen den Körper stark beeinflussenden Faktor, der offenbar rein energetischer Natur ist. Von großer Bedeutung sind die Forschungsergebnisse des Anatomen, Ontogenetikers und Embryologen Prof. Dr. Erich Blechschmidt (Göttingen), der hier kurz zitiert werden soll:

»Heute ist sicher, daß es spezifische Induktoren im Sinne einer Entwicklungsanregung von innen heraus *nicht* gibt ... Irrtümlicherweise wird vielfach angenommen, daß sich aus den Chromosomen der Verlauf der Differenzierungen ableiten ließe. Aus der Kenntnis der Chromosomenstruktur lassen sich die Entwicklungsvorgänge jedoch nicht deduzieren ... In dem Stofwechselfeld des Keimes finden wir die Chromosomen ebenso wie ihre Gene *nicht* dynamisch aktiv, sondern im Gegenteil passiv. Die Gene sind *nicht* die Motoren der Entwicklung. Sie bringen nachweislich nicht selbst die späteren Merkmale des differenzierten Organismus hervor, auch nicht etwa indirekt auf dem Weg über die von ihnen gebildeten Enzyme ... Genaue Untersuchungen der beim Menschen ablaufenden Differenzierungsvorgänge haben gezeigt, daß diese nicht vom Zellkern, sondern umgekehrt von der Zellmembran, d.h. von außen her eingeleitet werden ... Differenzierungen sind unmittelbarer Ausdruck von Kräften im physikalischen Sinn und nicht etwa von chemischen Eigenschaften besonderer Substanzen. Es gibt tatsächlich *Gestaltungskräfte*, aber keine Gestaltungsstoffe.« (1)

Der entscheidende Faktor, der die Zellentwicklung, ja die gesamte körperliche Organisation steuert, ist nach Prof. Blechschmidt nicht materiell faßbar und erklärbar. Es kommt etwas Weiteres hinzu, das von Prof. Blechschmidt folgendermaßen beschrieben wird: »Die Erhaltung der Individualität als eines schon *vorgegebenen Ganzen* ist eines der Grundprinzipien jeder Entwicklung.«

Wir haben es also mit einer Organisationskraft zu tun, die sehr wahrscheinlich schon vor der Befruchtung der Eizelle als »Individualität eines schon vorgegebenen Ganzen« besteht. Sie tritt in Verbindung mit der befruchteten Eizelle, um sämtliche Differenzierungsvorgänge zu steuern. Liegt der Verdacht nicht nahe, daß es sich hierbei um die Seele handelt, die als ordnende Kraft die ziellos treibende Kraft der Materie zu lenken hat ?!

Wir berühren hier die Basis des von der Medizin geprägten Begriffes der *Psychosomatik*, der Seele-Körper-Verbindung. Es ist heute nur allzu klar, wie sehr der Magenkranke eigentlich seelisch krank ist, also seelisch nichts mehr verdauen kann oder will (Dysstreß, Hetze, Streitigkeiten). Hilft man ihm, seine Probleme zu lösen, normalisieren

11

sich die Magensäurewerte und das Geschwür heilt. Denn wer seelisch nicht mehr »sauer« ist bzw. gelernt hat, sein Unbehagen ehrlich zu äußern, der braucht es körperlich auch nicht zu sein. Die ausgeprägten Heilungserfolge der psychosomatisch arbeitenden Kliniken sprechen für sich.

Betrachten wir noch kurz das Krebsgeschehen, um die Gedanken von Prof. Blechschmidt etwas weiterzuführen. Beim Krebs wird die gesunde Ordnung des Gesamtzellverbandes durchbrochen: Einzelne Zellen fangen an zu wuchern und leben auf Kosten des ganzen Körpers. Am Ende kann der vom Egoismus einzelner Zellen geplagte Körper (invasive Streuung und Neuansiedlung der Krebszellen) die gesunde Ordnung nicht mehr aufrechterhalten. Es herrscht Bürgerkrieg unter den Zellen des Körpers. Warum? Wo ist die einstmals ordnende Kraft geblieben?

Wir dürfen vermuten, daß sich diese ordnende, strukturierende Kraft offenbar aus bestimmten Körperbereichen zurückgezogen hat, zum Beispiel aus dem Darm, wenn dort der Krebs seinen Anfang genommen hat. Mit anderen Worten heißt dies: Die Seele hat gewisse Körperregionen nicht mehr voll mit ihrem ordnunggebenden Wesen durchdrungen. Sie verhält sich *konfliktfeindlich*, was bei Krebspatienten als Hauptcharakteristikum bei näherem Hinsehen immer wieder auffällt. Diese Konfliktfeindlichkeit besagt, daß man um des lieben Friedens willen laufend faule Kompromisse einzugehen bereit ist. Es findet keine ehrliche Auseinandersetzung statt, der Mensch steht nicht zu seinen ureigensten Gedanken und Gefühlen. Wer es allen rechtmachen möchte, der verliert seine persönlichen Konturen und Strukturen (wenn er je solche mühsam und ehrlich erworben hat). Er unterdrückt seine Bedürfnisse und ordnet sich aus einer falsch verstandenen Nächstenliebe den anderen unter. Dieser nicht eingestandene Egoismus ("Eigentlich wäre ich ja lieber in die Berge gefahren, aber Heinz liebt doch nun mal das Meer über alles, und so fahren wir jetzt zum 24. Mal nach Sylt") verschiebt sich auf die Körperebene und wird von einigen Zellen ungeniert ausgelebt. Die Frage an die kranke Seele lautet: Will ich mir endlich meine wahren Bedürfnisse und Ansichten ehrlich eingestehen und diese auch nach außen hin vertreten? Gehe ich das Risiko ein, anderer Meinung zu sein?

Konfliktfeindlichkeit heißt hier im weitesten Sinne, Probleme beiseite zu schieben und ignorieren zu wollen. Ob das dann der Verlust eines geliebten Menschen oder die Tyrannei durch den Ehepartner ist, immer wird ein Teil der Wirklichkeit bewußtseinsmäßig ausgeblendet und damit geleugnet. Bereiche, die wir nicht seelisch bearbeiten und durchdringen, können nicht für den Entwicklungsprozeß des Menschen genutzt werden. Es fehlen bestimmte Bausteine, sprich Lebensthemen. Es ist dann Aufgabe des Körpers, das ins Unbewußte verdrängte Thema wieder bewußt zu machen und den Kranken zu einer ehrlichen Auseinandersetzung anzuregen.

Therapeutisch versucht man heute auf naturheilkundlicher Ebene, die Auseinandersetzung im Körper mittels Fiebertherapie und Überwärmungsbädern in Gang zu bringen. Gerade Krebskranke haben meist viele Jahre lang kein Fieber mehr gehabt. Fieber bedeutet den Versuch eines Heilungsprozesses, nämlich die Verbrennung von Körpergiften. Auch materiell sind über Jahre ungeliebte Schlackenstoffe in dunkle Körperecken abgedrängt worden. Nun müssen durch eine Anregung der Entgiftungsschleusen Darm, Nieren, Lunge und Haut diese Stoffe ausgeschieden werden. Die naturheilkundliche Methodenpalette bietet viel, doch muß man nüchtern erkennen, daß ohne eine bewußte Bearbeitung der anstehenden Konflikte auch bei noch so biologischen Heilweisen (oder auch bei der konventionellen OP-Chemo-Bestrahlungsmethode) der Tod nur hinausgeschoben wird. Insofern kann man auch mit Naturheilkunde vom Ansatz her rein "schulmedizinisch" arbeiten, wenn die Seele außer acht gelassen wird. Immer wieder konnte ich dies in meinem nächsten Umfeld bei krebskranken Menschen beobachten: Konfliktfeindlichkeit hat etwas mit Lebensfeindlichkeit zu tun. Wer das Tal seiner ungeweinten Tränen und angestauten Wut nicht durchwandern möchte, der zerstört die eigene körperliche Lebensgrundlage.

Der Bereich »Krankheit und Heilung« kann im Rahmen dieses Buches nur gestreift werden. Im Anhang wird auf weiterführende Literatur verwiesen.

Was bis jetzt gesagt werden sollte, ist dies: Seele und Körper bilden eine funktionelle Einheit. Die Seele beinhaltet die ordnenden, der Körper die treibenden Kräfte. Alle Störungen in diesem Gefüge - alle! - beginnen zunächst in der Seele. Von dort aus verlagert sich die Störung - die seelische Disharmonie - in den Körper, wenn das Problem auf der Ebene der Seele nicht gelöst worden ist. Nun ist es offensichtlich: Der Frau muß wirklich eine »Laus über die (seelische) Leber gelaufen« sein, denn körperlich spuckt sie »Gift und Galle« und findet das Ganze »zum Kotzen«. Oder dem Mann ist der Börsenverlust »an die (seelischen) Nieren gegangen«, und jetzt plagt ihn eine Nierenentzündung (er hatte wohl auch »kalte Füße bekommen«, was leicht zu einer Blaseninfektion führen kann ...).

Wir sehen, wie die bildhafte deutsche Sprache die seelische Welt in ihrer Problembeladenheit voll erfaßt. Horchen wir doch einmal genauer hin, wenn es um das Wort »Seele« geht:

»Eine Seele von Mensch war er. Seelenruhig zeigte er sich, aber man spürte, wie sehr ihm der Verlust auf der

14

Seele lag. Eine durstige Seele war er, denn er fragte mir oft die Seele aus dem Leib. Wir waren ein Herz und eine Seele, und doch wohnten zwei Seelen in seiner Brust. Einmal schrie er sich fast die Seele aus dem Leib, und ich empfahl ihm, sich das alles mal von der Seele zu schreiben. Ja, mit Leib und Seele war er Forscher, dabei ganz seelenvoll und seelengut. Mir tut das aus tiefster Seele weh. Möge er nun seinen Seelenfrieden haben!«

Im »Klinischen Wörterbuch« heißt es:

»SEELE: Psyche, das unmittelbare Erleben, die Gesamtheit der geistigen Erscheinungen (Fühlen, Denken und Wollen).«

In meinem Buch »Augenblicke des Erwachens« bin ich genauer auf die drei Seelenregungen Denken, Fühlen und Wollen eingegangen. Hier sei folgendes zusammengefaßt:

Wenn wir fragen, welche Regungen die Seele ausmachen, gelangen wir zunächst zu den *Gedanken* (der mentalen Ebene) und den *Gefühlen* (der emotionalen Ebene). Diese feinen Regungen beinhalten Informationen. Gedanken haben etwas Kühles, Klares an sich. Sie erfüllen primär die Verstandes- bzw. Kopfregion, Gefühle hingegen ergreifen eher unseren Gemütskern, das Herz, was uns nicht eiskalt lassen kann, denn sonst wären wir »herzlos«. Gefühle sind gedanklich oft schwer übersetzbar, sie bleiben meist von ihren Umrissen her unklar (»Ich hab` da so ein ungutes Gefühl, das ich mir gar nicht - vom Kopf her - erklären kann!«).

Wir haben zwei Wahrnehmungsebenen:

a) die körperliche mittels der fünf Sinne (Sehen, Hören, Riechen, Schmecken, Tasten), mit der wir die körperliche Welt wahrnehmen und

b) die seelische Wahrnehmungsebene über die Gedanken und Gefühle: die sogenannten »Ein-fälle, Ein-drücke,

Im-pulse«, wobei wir den seelischen Kopf und das seelische Herz grob vereinfacht als Wahrnehmungsorgane bezeichnen können. Das materielle Organ ist nur Abbild des im Seelenleib »feinstofflich« vorhandenen Organs, welches die für den materiellen Leib ordnende Kraft beinhaltet.

Beide Wahrnehmungsebenen sind eng miteinander verbunden: Ich nehme einen Duft wahr, und plötzlich kommen bestimmte Gefühle oder Gedanken. Ich sehe einen Verkehrsunfall und reagiere gefühls- und gedankenmäßig.

Was geschieht da eigentlich in der Seele? Auch ist noch unklar, *woraus* die Seele im einzelnen besteht. Ich könnte mir folgendes vorstellen:

Die Seele produziert keine Gedanken und Gefühle, so wie das Radiogerät selber keine Musik erschafft. In der Seele ist eine Art Empfängerteil oder *Resonanzboden*, das heißt, sie hat eine spezifische *Bandbreite* wie das Radio. Energien (= Informationen) werden empfangen und umgesetzt, was seelisch dem *Bewußtwerdungsprozeß* entspricht (genau das kann das Radio nicht vollziehen!). Dann werden die empfangenen und verarbeiteten Energien über einen *Verstärkerteil* (Lautsprecher) wieder durch Worte oder Handlungen nach außen gebracht. Ich habe einen Ein-fall, erkenne diese grandiose Idee (zum Beispiel ein Haus zu planen), denke darüber nach mit Verstand und Herz (Gewissensinstanz: Ist die Idee ethisch zu verantworten?) und erzähle dann einem Freund davon, das heißt, ich äußere den Einfall, der in meinem Inneren zur *Er-inne-rung* geworden ist.

Was aber bildet den Resonanzboden oder die Bandbreite der Seele für die einfallenden Informationen?

Ich betrachte die Vergangenheit der Seele, alle ihre gemachten Erfahrungen, ihre durchlaufenen Erkenntnisprozesse als grundlegende Seelensubstanz. Genau das sind wir seelisch (der Geist als die dritte Ebene ist etwas ganz anderes, dazu kommen wir noch). Wir sind - etwas abstrakt gesagt - ein Bündel von Informationen, von Erfahrungen. Da ist in unserer Seele die Zeit der Schwangerschaft im Bauch der Mutter verzeichnet, die vielleicht schwierige Geburt, der Krankenhausaufenthalt mit 6 Jahren, das Sitzenbleiben in der 8. Schulklasse, die Demütigung durch Lehrer X, die Freude am schönen Urlaub in Italien mit 16 Jahren, die Erfahrung der ersten Liebe und vieles mehr.

Wir tragen ein Informationsmuster *in uns*, sind seelisch durch alle Erfahrungen geprägt und reagieren gemäß dieser unzähligen gespeicherten Informationen auf Ideenreize von *außen*. Manche Themen haben wir gut verarbeitet und lieben sie sogar: sie bilden unsere Interessen und Talente. Andere Lebensthemen bereiten uns Probleme, flößen Angst ein, und wir reagieren mit Abwehr oder verteufeln und tabuisieren gar bestimmte Dinge. Auf Seite 18 habe ich versucht, diesen Ablauf modellhaft darzustellen. Sicherlich wird es manchen Menschen seltsam vorkommen, alle irdischen Erscheinungen als geistig längst vorhanden zu betrachten. Es handelt sich hier um die Welt der Ideen, der Informationen, des universellen Wissens. *Alles* Wissen (und damit meine ich nicht nur das wenige von Menschen entdeckte Wissen) ist zeit- und raumlos vorhanden. Es ist genau da existent, wo Sie sich jetzt mit diesem Buch befinden. Nur nehmen Sie dieses umfassende Wissen, diese unzähligen Ideen nicht wahr - höchstens einen ganz kleinen Ausschnitt davon (das betrifft selbst Forscher wie Einstein und Heisenberg, die zwar eine etwas erweiterte Empfangsbandbreite hatten und dennoch nur einen winzig kleinen Ideenteil erkannten). Genau da, wo Sie jetzt sitzen, wird die Luft von Radio- und Fernsehwellen durchdrungen. Auch das nehmen Sie ohne technische Hilfsmittel oder ein erwei-

Der Mensch als Empfänger und Sender

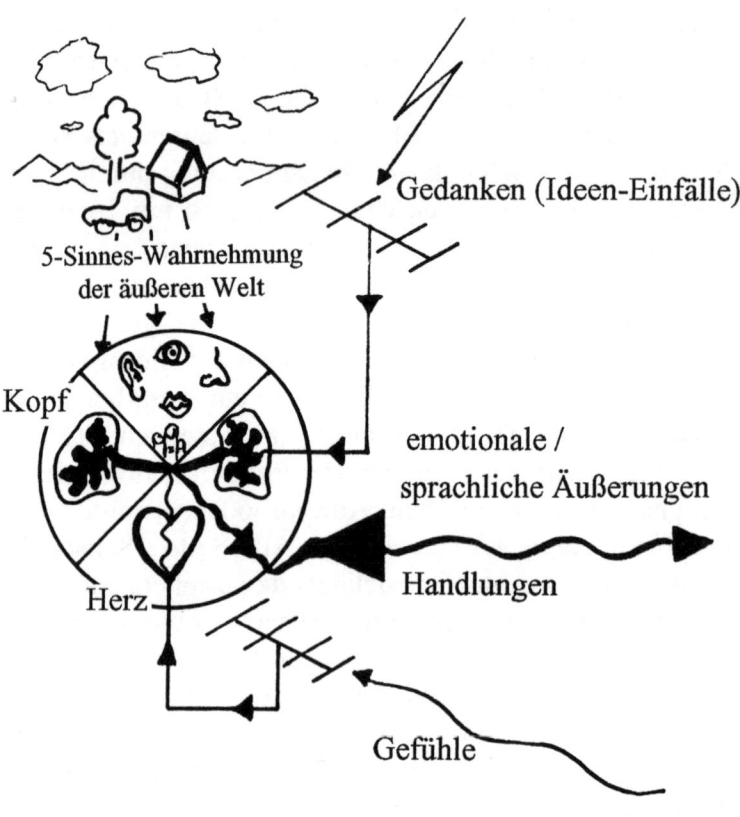

5-Sinnes-Wahrnehmung
der äußeren Welt

Gedanken (Ideen-Einfälle)

Kopf

emotionale /
sprachliche Äußerungen

Herz

Handlungen

Gefühle

Ein-druck, ⎫
Ein-fall, ⎬→ Erkenntnisprozeß über
Impuls   ⎭ Verstand und Herz ⟶ (Re-)Aktion

Bewußtwerdung

Idee ....Erinnerung ....Äußerung
Input .... Verarbeitung ....Output

tertes, verfeinertes Bewußtsein nicht wahr. Es geht darum, unsere Wahrnehmungsfähigkeit zu vertiefen.

Forscher können insofern immer nur *ent-decken* (etwas Verborgenes aufdecken), sie finden das geistig längst Vorhandene. Sie sind keine Erfinder, denn der Otto-Motor war vor seiner materiellen Verwirklichung als Idee schon vorhanden. Für mich ist heute klar, daß es auch so etwas wie den Wassermotor als Idee geben muß. Nur stellt sich die Frage, ob die Menschen dafür die inneren entwicklungsmäßigen Voraussetzungen haben (um eine solche Idee empfangen zu können) und ob die wirtschaftlichen Interessen einiger Leute dem nicht entgegenstehen.

Ich habe also einen Einfall, eine Idee fällt in meine Seele ein, ja, mich packt etwas, das mich *be-ein-druckt* und begeistert (*be-geist-ert!*). Es hat mich etwas beeindruckt, wofür ich einen Resonanzboden in mir habe. Der Tennisspieler bewegt sich gedanklich und gefühlsmäßig in der Tenniswelt, denn sie macht einen Großteil seiner seelischen Welt aus. So tritt er in Resonanz (Mitschwingung) zu entsprechenden Ideen anderer Menschen, die von diesen Ideen auch ergriffen sind.

Wie sieht dies beim künstlerisch tätigen Menschen aus? Es ist letztlich derselbe Vorgang. Nur bewegt sich der Künstler meist auch im Gefühlsbereich und versucht, Gefühls- und Gedankeneinfälle zum Beispiel malerisch umzusetzen. Er kombiniert Einfälle auf neue Weise, setzt vorhandene geistige Bausteine neu zusammen. Wir bezeichnen dies als schöpferischen Prozeß. Gespeist ist er aus der Welt der Gedanken- und Gefühlskräfte, der Welt der Ideen.

Es wurde dargestellt: Die Seele besteht als individuelle Persönlichkeit aus gespeicherten Informationen über alle gemachten Erfahrungen, Eindrücke und Erkenntnisse. Dies macht unser Bewußtsein aus, das heißt, wir sind in der Lage, dieses in uns gespeicherte Erfahrungswissen (alle persönlichen Gedanken, Gefühle, geäußerten Worte und Handlungen) geistig zu reflektieren, es ins Bewußtsein zu rufen und darüber nachzudenken und Schlüsse daraus zu ziehen.

Die Seele hat verschiedene Bewußtseinsschichten. Wir können hier vom Tages- oder Wachbewußtsein sprechen, das uns ohne Schwierigkeiten durch den Erinnerungsvorgang zugänglich ist. Daneben existieren Bewußtseinsschichten, die als *unbewußt* oder *unterbewußt* bezeichnet werden und die uns im Wachzustand nicht unmittelbar bewußt zugänglich sind. Meist handelt es sich hier um schmerzvolle Erfahrungen (seelische Verletzungen), die noch nicht verarbeitet und aufgelöst worden sind. Sie werden über den Schutzmechanismus der *Verdrängung* ins Unterbewußtsein abgeschoben, um die Lebensfähigkeit des Menschen zu erhalten. Allerdings melden sich diese verdrängten Probleme irgendwann im Laufe der Seelenentwicklung, denn diese unbewußten Seelenschichten sind Teil der Gesamtpersönlichkeit und müssen ins Wachbewußtsein integriert werden. Als Beispiel mag folgendes Bild dienen:

Ein Hausbesitzer lebt vorwiegend im sonnigen ersten Stock seines Heimes. Anfallendes Gerümpel wird grundsätzlich in den Keller geschafft. Dort unten hält sich der Hausbesitzer nie auf, er schiebt nur immer wieder neues Gerümpel die Kellertreppe hinunter. Nun hat sich so viel im Keller angesammelt, daß es auf die Gaszufuhrleitung drückt. Plötzlich bricht das Gasrohr, und es kommt zu einer schrecklichen Explosion. Die sonnige Wohnung im ersten Stock mit der schönen Hausfassade hat Risse bekommen, der Hausherr ist buchstäblich zutiefst erschüttert. Sein Keller, den er nie aufräumen wollte, hat sich bemerkbar gemacht.

20

Fazit: Was an Lebensthemen verdrängt wird, das drängt sich irgendwann explosiv mit aller Gewalt der Seele auf. Als seelische Reaktion wären hier Wutausbrüche, alle Formen von Aggression, manisches Verhalten (zum Beispiel zwanghaftes Einkaufen), Trauer, Depression und sämtliche Suchtformen zu nennen. Meist wird durch solche Symptome die eigentliche Ursache überdeckt.

In unserem Beispiel würde der Hausherr vielleicht die Schuld für dieses Unglück in den Atomversuchen der Großmächte sehen, die ein sein Haus zerstörendes Erdbeben ausgelöst hätten - nur er selbst ist natürlich ganz unschuldig, ein armes Opfer der widrigen Umstände. Die Konfrontation mit den wahren Ursachen - nämlich das Verdrängen des eigenen Seelengerümpels - ist immer schmerzvoll und demütigend. Der Hausherr bräuchte einen guten Freund, der die Tragik des Geschehens durchschaut und einfühlsam liebevoll Hilfestellung leistet. Wir alle brauchen solche Freunde (berufsmäßig sind das die Seelsorger, Priester oder Psychotherapeuten), denn wir neigen in allzu menschlicher Weise zur Schuldprojektion. Solches Verhalten aber löst keine Probleme, es schafft höchstens neue und immer komplizierte Seelenverstrickungen. Am Ende liegen wir in den Trümmern unseres Hauses und fragen, wie Gott das zulassen konnte ...

Die Seele soll in ihrer Beziehung zum Körper noch eingehender an einigen Phänomenen erläutert werden.

Da die Seele ein »feinstoffliches«, rein energetisches Gebilde ist, verfügt sie über eine ihrer Persönlichkeit entsprechende Ausstrahlung. Wir spüren dies, wenn wir Menschen zum erstenmal begegnen und sagen: Der hat eine gute, angenehme Ausstrahlung, den finde ich sympathisch, oder jener hat eine dunkle, harte Ausstrahlung, vor dem ich mich vielleicht sogar fürchte. Man spricht ja auch von »dunklen Gestalten«, die zum Beispiel in der Hamburger Unterwelt herumlaufen. »Dunkel« deshalb, weil diese Menschen seelisch dunkle, lieblose Gedanken und Gefühle hegen und pflegen. So verdunkelt sich ihre Ausstrahlung, denn sie wollen nicht offen und licht sein, da sie manches zu verbergen haben. (Juristisch spricht man ja auch bei der möglichen Verschleierung von Straftaten von »Verdunkelungsgefahr«.)

Hellsichtige Personen können sogar ein farbiges und strukturiertes Strahlungsfeld um den Menschen herum sehen, die sogenannte **Aura**. Werden wir aggressiv, verfärbt sie sich dunkelrotes Braun und bekommt gezackte, spitze Formen, die auf Angriff hindeuten. Sagen wir die Unwahrheit und versuchen, bestimmte Motive zu verbergen, dann zieht sich die Aura ganz eng zusammen und haftet dicht am Körper. Sind wir fröhlich und frei und fühlen uns im Einklang mit dem Leben, so dehnt sich die Aura, das Strahlungsfeld der Seele, weit aus, und wir haben wieder einen »guten Draht« zu den Mitmenschen.

Eine wissenschaftliche Annäherung an die Darstellung des energetischen Ausstrahlungsfeldes stellt die **Kirlianphotographie** dar. Dies geschah zunächst bei Pflanzen, die offenbar auch seelenhafte Wesensmerkmale besitzen. (Wer mehr darüber wissen möchte, dem empfehle ich das Buch »Das geheime Leben der Pflanzen«.) Weiterführend muß auch die Existenz der Naturgeistwesen erwähnt werden, die besonders durch das Experiment des Findhorn-Gartens über die innere Wahrnehmung der Menschen ins Blickfeld gerückt werden. Diese für das äußere Auge unsichtbaren Wesenheiten steuern die Lebensabläufe ganzer Pflanzengattungen. (Siehe die entsprechende Literatur über »Findhorn« und, als ein Foto mit Seltenheitswert, die folgende

Abbildung : Die Dalienfee in Form eines Kinderkopfes im rechten oberen Viertel des Bildes, photographiert von Edith Schläfke im Hamburger Stadtpark; Original farbig.)

Die Kirlianphotographie wird heutzutage diagnostisch genutzt, um über die Sichtbarmachung der Hand- und Fuß-ausstrahlung beim Menschen Hinweise auf Krankheiten zu erhalten. Dies geschieht mit Hilfe eines speziellen Belich-tungsverfahrens und Fotopapiers.

Zeitweise löst sich die Seele vom Körper, ist aber immer noch durch eine Art Seelen-Nabelschnur - auch »Silberschnur« genannt - mit dem Körper verbunden. Diese Nabelschnur ist sehr dehnbar, so daß sich die Seele relativ frei in der feinstoflichen Welt, dem Jenseits, bewegen kann. Wir erleben das zum Beispiel während des Schlafes im **Traum**. Dort sind wir höchst aktiv und bearbeiten viele Probleme, die schon teilweise ins Unterbewußtsein abge-schoben worden waren. Auf der Seelenebene umhüllt uns der materielle Körper nicht mehr, und unser Inneres tritt offen zutage. Durch das Fehlen des Körpers erhöht sich die seelische Wahrnehmung um ein Vielfaches, was sicherlich jeder im Traumgeschehen schon erlebt hat. Alles erscheint absolut wirklich und wird viel differenzierter wahrgenom-men. An einem Traum-Beispiel möchte ich die Qualitäten der Seelenebene verdeutlichen.

In meiner näheren Bekanntschaft horte ich von einer haßerfüllten Vater-Sohn-Beziehung, wobei beide Beteilig-ten innerhalb weniger Wochen einen Herzinfarkt erlitten hatten. Mich hatte dies sehr berührt. Ich verstand die Grün-de für diesen Konflikt nicht recht und bat Gott um Aufklä-rung, um beide Seiten verstehen und vielleicht um irgend-wie helfen zu können. Am frühen Morgen des darauffolgen-den Tages erhielt ich die Antwort durch einen Traum, der mich schockierte. In Symbolsprache wurde mir der ursäch-liche Konflikt andeutungsweise gezeigt. Dann aber mußte ich die Folgen des Hasses in dieser Vater-Sohn-Beziehung miterleben - und zwar auf der energiereicheren Seelenebene. Ich näherte mich als der Sohn haßerfüllt dem Vater in einem langen Gang. Der Vater saß völlig erstarrt in einem Sessel und sah mich mit stierem Blicke an. Die Wellen des Hasses, die von mir ausgingen, kamen sofort vielfach gesteigert zurück und verursachten größte Qualen. Der Haß war wie Säure, die den Menschen anfrißt, ätzend und unerbittlich. Ich erlebte das Wesen der relativen Zeitlosigkeit. Der Haß, der von mir ausging (die Saat), kam als Ernte vielfach und ohne Verzögerung wieder zu mir zurück. Da ich aus meinem schützenden Körper im Schlaf ausgetreten war, spürte ich den Haß als Höllenqual. Ich konnte die Konfrontation als Sohn mit dem Vater nicht lange ertragen, erwachte (kehrte in meinen Körper zurück) und betete intensiv, bis ich mich von diesem Schock erholte. Mir war ein Stück Höllenqual zuteil geworden, ich hatte das zersetzende, aggressive Wesen des Hasses als Täter und Opfer zugleich erfahren dürfen.

Auch in der **Vollnarkose** entfernt sich die Seele vom Körper, damit die Operation ungestört ohne seelische Ängste des Patienten vollzogen werden kann.

Wer einen **Autounfall** erlebt hat, wird sich vielleicht erinnern, wie eigenartig das Zeitempfinden Sekunden vor dem Zusammenstoß war. Alles lief fast zeitlupenartig ab, irgendwie verlangsamt schlitterte das eigene Fahrzeug gegen den Baum. Hier tritt die Seele vor Schreck teilweise oder ganz aus dem Körper aus, weil sie die drohende Gefahr einfach nicht mehr verkraftet. Ich erlebte mich in einem Unfallgeschehen völlig handlungsunfähig. Es war mir kurz vor dem Zusammenstoß nicht mehr möglich, wirksam zu bremsen oder das Fahrzeug in eine andere Richtung zu lenken. Erst danach bekam ich die Schockwirkung zu spüren, als nämlich meine Seele wieder im Körper war und sämtliche Adrenalinstöße sowie das Erlebnis voll bewußt wahrnahm.

Beim **In-Ohnmacht-Fallen** verläßt die Seele zeitweise ganz den Körper, der dann nur noch hinfallen kann. Wir kennen das aus Bühnenstücken oder Filmen: Eine konfliktreiche Situation spitzt sich zu, und die junge Dame, um die sich meist alles dreht, hält diesen seelischen Druck nicht mehr aus. Sie flüchtet kurzerhand aus ihrem Leib (sie zieht sich in die höheren, angenehmen Regionen zurück, um ihre Ruhe zu haben). Denn seelenlosen dahingleitenden Körper nehmen sofort hinzueilende Kavaliershände in Empfang, dann folgt das Riechfläschchen, und die junge Dame findet sich mit ihrer Seele wieder hier auf Erden ein. Der Effekt: Alle bedauern die Arme und haben tiefstes Verständnis. Ihr Ausweichen vor der Problematik erkennt dabei niemand.

Sogar beim heute verbreiteten **autogenen Training**, einer Körper-Seelen-Entspannungsübung, kann es zu einem völligen Seelenaustritt kommen. Dies schilderte mir eine Frau, die sich während der Entspannung plötzlich zwei Meter über ihrem Körper schwebend erlebte. Unter sich sah sie ihren Leib in tiefer Ruhe liegen. Bald darauf befand sie sich wieder in ihrem Körper. Diese Erlebnisse sind an sich etwas ganz Normales. Meine Frage an jene Frau war, ob ihr das Angst eingeflößt habe. Sie bejahte, und ich empfahl ihr unter anderem, solche Zustände nicht willentlich herbeizuführen. Bei einem ungefähr 50jährigen, sehr bodenständigen und christlich handelnden Mann, den ich auf einer Auslandsreise kennenlernte, traten außerkörperliche Zustände vollbewußt während des Schlafes auf. Er konnte bis zu 200 Kilometer weit Seelenreisen unternehmen und dabei andere Menschen aufsuchen.

Das Seelen-Körper-Gefüge sollte nie zwangsweise, zum Beispiel mittels Drogen und/ oder Meditationstechniken gelockert werden. Es kommt sehr auf die innere Entwicklung der Seele an, inwieweit solche außerkörperlichen Zustände gut verkraftet werden und auch sinnvoll sind. Bloße Neugierde kann uns am Ende die seelische Entgleisung bereiten: Verwirrungs- und Angstzustände sowie Depressionen sind möglich. Dies hat nichts mit dem Weg christlicher Kontemplation oder Meditation zu tun, wo wir uns von der Liebe Jesu Christi geführt wissen dürfen. Die christliche Seelenerfahrung geht wechselschrittweise einher mit dem Dienst am Nächsten. Nur so wird ein tragfähiges geistiges Fundament geschaffen, auf dem wir seelisch sicher stehen können. Dann sind außerkörperliche Erfahrungen eine Zugabe aus Gottes Hand, sie selbst sollten aber nie das Ziel unseres Weges sein. Wenn die Entwicklung des einzelnen Menschen die notwendigen Bedingungen erfüllt, stellen sich Erlebnisse auf der Seelenebene von selber nach und nach ein. Es ist fast wie damals, als wir das Laufen lernten: Plötzlich ging es zum erstenmal auch ohne Laufstall und fremde Hilfe, weil die Muskeln vorher gut trainiert worden waren.

Menschen, die seelisch sehr viel wahrnehmen, sich viel mit abstrakten Dingen beschäftigen und eventuell auch ungewollt außerkörperliche Erfahrungen machen, sollten sich immer wieder zeitweise gut »erden«. Darunter verstehe ich das bewußte Sichverbinden mit der Erde, dem Boden, auf dem wir mit beiden Beinen fest stehen sollten. Dies kann durch Gartenarbeit, Töpfern oder den Umgang mit Tieren geschehen, um nur einige wenige Bereiche zu nennen. Auch der Hausputz, das Aufräumen vollgestellter Kellerräume, wird in seelischen Überbeanspruchungszuständen zur reinsten Befreiung. Man wird diese erdhaften Aktivitäten als sehr wohltuend empfinden. Sie stellen den notwendigen Ausgleich zum Immateriellen, Seelisch-Geistigen dar.

27

Bei der klassischen **Hypnose** verdrängt der Hypnotiseur die Seele teilweise aus dem Körper, besonders aus dem Kopfbereich, wie es Hellsichtige beschrieben haben. Dies geschieht mit Einwilligung des Hypnotisierten, der sich willensmäßig in eine starke Abhängigkeit zum Hypnotiseur begibt, was über den Hypnosevorgang weiterwirkt. Indem die Seele vom Körper gelöst und willensmäßig dem Hypnotiseur untergeordnet wird, kann dieser das Unterbewußtsein Stück für Stück durch gezieltes Fragen aufdecken. Abgesehen von der personellen Abhängigkeit birgt diese Methode viele Gefahren für den Hypnotisierten in sich. Es können verdrängte Seeleninhalte so massiv ins Wachbewußtsein hineinbrechen, daß eine harmonische Aufarbeitung nicht mehr möglich ist und nun Angst- und Panikzustände folgen. Der Betroffene wird dann von Kräften, ja regelrechten Wesenheiten verfolgt, die er selber vormals durch sein Denken, Fühlen, Sprechen und Handeln erzeugt hat. Der griechische Mystiker und Heiler Daskalos spricht in diesem Zusammenhang von sogenannten Elementalen, die wie wilde Tiere über den Kranken herfallen. Es gilt, diese astralen Wesenheiten durch gezielte meditative Gebete aufzulösen. Man kann zum Beispiel eine Kerzenflamme intensiv anschauen, nach einer Weile die Augen schließen und dann mittels der eigenen Vorstellungskraft und formulierter Gebete diese Plagegeister in das verwandelnde Feuer der Liebe Gottes übergeben. Auch hilft es, die eigenen Gedanken und Gefühle aufzuschreiben und dann das Geschriebene zu verbrennen. Feuer (wärmendes Licht) steht in diesem Sinne für LIEBE. Nur durch diese Liebe kann sich in uns und um uns herum Verwandlung ereignen - wenn wir darum bewußt bitten. Das Bewußtmachen des eigenen Resonanzmusters in Bezug auf solche Negativkräfte steht natürlich immer im Mittelpunkt einer tiefgreifenden

Therapie. Dieses Muster gilt es gefühls- und gedanken-mäßig zu durchschauen und dann durch die Anrufung der heilenden Liebe Gottes umwandeln zu lassen.

Doch noch einmal zurück zur Hypnose. Jede Verdrängung von Seeleninhalten aus dem Wachbewußtsein darf zunächst als Schutzmechanismus verstanden werden, den es zu respektieren gilt. Das therapeutische Vorgehen mittels Hypnose degradiert den Patienten zu einem unfreien, Wesen. Dieses erzwungene Aufbrechen des Unterbewußtseins zerstört ein Stück der Würde des Menschen und nimmt ihm die Möglichkeit, wachbewußt mit der begleiten-den Hilfe des Therapeuten seine Innenwelt frei und mutig zu entdecken. Der Patient sollte das Tempo des Vorgehens bestimmen, denn er ist es ja, der das alles verkraften und in sein Bewußtsein integrieren muß. Der Hypnotiseur hingegen wird sein Handeln zu verantworten haben und die Konsequenzen tragen müssen. Wer hilfesuchende Menschen von sich abhängig macht, was bei Hypnose eindeutig der Fall ist, der wird selber irgendwann in seelische Abhängigkeit geraten und am Ende den Über- und Durchblick verlieren.

Kommen wir zur dritten Ebene, dem **Geist**. Körper Seele und Geist bilden eine Einheit, die sich hier auf Erden in tiefgreifenden Lernprozessen zu bewähren hat. »Geist« hat nichts mit Intellekt oder Verstand zu tun. Es ist hier der göttliche, ewige , raum- und zeitlose Geistkern gemeint, der uns mit dem speist, was wir Liebe oder Lebenskraft nennen. Dieser Geist macht uns zum Ebenbild Gottes, mit dem sich unsere Seele in einem Leib aus Materie bewußt verbinden soll. Wir können auch vom allumfassenden Bewußtsein sprechen, das GOTT ist. Der Geist Gottes ist die Quelle aller Liebe, allen Wissens und aller Weisheit. In Jesus

Christus hat er sich als Mensch offenbart, um die göttliche Liebe in uns zu verwirklichen. Dies ist erst seit dem Opfer Jesu auf Golgatha möglich: Gott geht in Jesus Christus ans Kreuz, stirbt für uns und überwindet in der Auferstehung den Tod, damit wir Menschen ewiges Leben aus SEINER Hand empfangen.

Wir haben versucht, insbesondere die Seins-Ebenen von Körper und Seele ein wenig zu beleuchten. Im Laufe dieses Buches werden noch weitere Aspekte und Beispiele folgen. Wichtig ist mir zunächst dies:

Die Seele verbindet sich bei der Befruchtung der Eizelle mit ihrem sich entwickelnden Körper, wobei sie die ordnenden Gestaltungskräfte zur Differenzierung des befruchteten Eies auf dasselbe überträgt. Die Verbindung zum Körper ist bis zur Geburt noch relativ locker, das heißt, die Seele bewegt sich häufig recht frei auf der reinen Seelen-Ebene außerhalb des Leibes. Mit der Geburt und der Abnabelung von der Mutter beginnt der Weg als eigenständiges Seele-Geist-Wesen in einem materiellen Körper. Die äußere Welt tritt in Wechselwirkung mit dem freien Willen des Menschen. So entstehen spezifische Strukturen in der Seele. Allerdings sollten wir die während der Schwangerschaft im Mutterleib gemachten Erfahrungen nicht unterschätzen. Hier wird die Seele mit ihrem wachsenden Körper oft schon negativ beeinflußt, zum Beispiel durch Streitigkeiten innerhalb der Familie oder Zigaretten- und Alkoholkonsum der Mutter. Vielen Menschen scheint immer noch nicht bekannt zu sein, daß das Kind alles hören und intensivst empfinden kann. Auf der anderen Seite kann man in dieser Zeit der Seele des Kindes lebensfördernde Impulse zukommen lassen. Vor allem die Freude der Eltern über seine baldige Ankunft stärken es in wunderbarer Weise. Klassische Musik

(Harfe, Violine), erbauende Kunstwerke und eine gesunde Ernährung sind auch sehr förderlich für die Entwicklung und Geburt des Kindes.

Schritt für Schritt durchläuft die Seele nun die Schule des irdischen Lebens. Vor der Befruchtung der Eizelle hatte sie sich für dieses Leben mit all seinen Lernaufgaben freiwillig entschieden. Nun reift sie, indem sie Liebe übt und Erkenntnisse sammelt. Vergleichen wir unseren Grundschuleintritt mit dem Moment der Abschlußprüfung, so haben wir durch die Schulzeit eine Bewußtseinserweiterung erfahren. Die Schulferien stellten eine Art geistiger Ruhepausen dar. Während dieser Zeit konnten wir die gesammelten Erkenntnisse in die Tiefen der Seele fallen lassen, so wie wir auch das Tagesgeschehen im Traum seelisch verdauen. Im größeren Maßstab betrachten wir die Schule des irdischen Lebens. Alle Erfahrungen werden ausgewertet, wie wir später noch anhand der Berichte klinisch Verstorbener sehen werden.

Sterben als Verwandlungsvorgang

Der Sterbevorgang kann als Abschlußprüfung des irdischen Lebens verstanden werden. Geburt und Tod sind zwei Seiten einer Medaille, sie bedingen einander und führen den Menschen in jeweils verschiedene Lebensformen. Zum einen erforscht und begreift er die Welt in einem materiellen Körper, zum anderen verläßt er die materielle Umhül-lung, um in seine seelische Heimat, die Lichtwelt, zurückzukehren. Die Seele existiert außerhalb ihres Körpers in der relativen Zeitlosigkeit, der sogenannten Ewigkeit. Erreichen wir schwingungsmäßig Lichtgeschwindigkeit, also nahezu 300.000 km pro Sekunde, befinden wir uns in der relativen Zeitlosigkeit, das heißt, wir vollziehen den Sprung in ein ständiges Gewahrsein der Gegenwart. Dann verschmelzen Vergangenheit und Zukunft im Fadenkreuz der ewigen Gegenwart - ein Bewußtseinszustand, der aber erst mit der Entwicklung der individuellen Liebesfähigkeit als befreiend erfahren wird. Das Licht trägt dieses große Geheimnis in sich, auf das Albert Einstein mit der Entdeckung der Relativitätstheorie stieß. Reise ich mit Lichtgeschwindigkeit durchs Universum und kehre in "Sekunden" zurück, so sind hier auf Erden vielleicht 10 oder 20 Jahre vergangen. Die Welt des Lichts ist gleichbedeutend mit der Welt der Seelen, der Verstorbenen. Sie leben in der relativen Zeit-losigkeit und bewegen sich mit Gedankengeschwindigkeit von einem Ort zum anderen, da das Raumempfinden auch völlig verändert, ja in gewisser Weise aufgehoben ist.

In den 60er Jahren hat sich immer stärker ein neues Forschungsgebiet entwickelt: die Thanatologie - die Sterbekunde. Von entscheidender Bedeutung war der Vorstoß von Frau Dr. Elisabeth Kübler-Ross, die es als erste wagte, sterbende Menschen zu befragen. Durch ihre Forschungen haben sich fünf Phasen der seelischen Bewältigung des Sterbeprozesses ergeben. Diese Phasen sind nicht als starres Schema zu verstehen, in das man den Menschen hineinzupressen versucht. Die entdeckten Grundstrukturen des Sterbeablaufs sollen den Betreuern, Verwandten und Freunden helfen, den Sterbenden in seiner Not besser zu verstehen und annehmen zu können. Außerdem kann uns die Beschäftigung mit dem Sterben zu einem bewußteren Leben hinführen. In der fröhlichen Lebensrunde dabei zu sein sowie auch das Abschiednehmen von allem Iridischen, beides will gelernt sein.

Hier nun kurz zusammengefaßt die fünf Phasen der seelischen Bewältigung:

1. Das **Nicht-wahrhaben-Wollen** des bevorstehenden Todes »Andere ja, aber ich doch nicht...« Die unerträgliche Wahrheit über den schlechten Gesundheitszustand wird vom Betroffenen verdrängt.

2. Phase der Aggression
» Weshalb gerade ich...? Der ungerechte Gott...« Die Seele geht in den Angriff über: das aggressive Nichtakzeptieren-Können. Die Betreuer sollten diese anklagenden Ausbrüche nicht als persönlichen Angriff empfinden, sondern verständnisvoll darauf reagieren.

3. Phase des Verhandelns
»Bitte erst, wenn ich noch ...!« Aufschub wird erbeten und eine Gegenleistung dafür angeboten (»Dann spende ich auch DM...!«). Grundsätzlich hat der Sterbende seinen Tod schon angenommen.

4. Phase der Depression
»Ja, ich muß sterben!« Das Erkennen der eigenen Ohnmacht. Der Sterbende zieht sich nach innen zurück, denn er steht der äußeren Situation machtlos gegenüber.

5. Die **Annahme** des Lebensendes

»Ja, es ist in Ordnung, ich bin bereit.« Kein Groll, kein Zorn, keine Trauer. Der Abschied von den Dingen der Welt ist vollzogen. Die letzte Ruhepause vor der großen Reise. Von dieser Phase muß man den Zustand der Resignation, der Nichtannahme des Todes unterscheiden (Ausstrahlung, Gesichtsausdruck, Wortwahl).

Wie schon erwähnt, läuft das Sterben nicht starr in diesen Phasen ab. Die Aggression kann auch in ein Nicht-wahr-haben-Wollen münden, das Verhandeln wieder durch Aggression abgelöst werden.

Warum sterben so viele Menschen qualvoll langsam?

Ich vermute immer mehr, daß die medizinisch-technischen Möglichkeiten an einem hinausgezögerten Tod nicht schuld sind. Das Problem liegt sehr wahrscheinlich in der Seele des Sterbenden. Das »Seelenhaus« befindet sich meist in einem katastrophalen Zustand. Viele seelische Geschäfte sind unerledigt geblieben: der Streit mit dem Sohn, der den Hof nicht übernehmen will; der Haß auf den Geschäftspartner, der nur betrogen und gelogen hatte. Nun wird all dies der Seele im ruhigen Krankenhauszimmer wieder bewußt, ja es drängt sich ihr neu auf, um bereinigt zu werden. Viele Seelen fürchten sich nämlich vor dem jenseitigen Leben, weil sie ahnen, daß sie dann von all den unbereinigten Konflikten weiterhin verfolgt werden. So halten sie in ihrer Not krampfhaft am Körper fest, und vielleicht wird im Koma noch mancher Konflikt per Seelenreise außerhalb des Körpers in Ordnung gebracht. Wenn ein Mensch nach Gottes Plan sterben soll und zum Sterben bereit ist, dann stirbt er - ganz gleich, wie viele Herz-Lungen-Maschinen aufgefahren werden!

Mögen wir alle die unbereinigten Dinge heute noch, bevor die Sonne untergeht, bereinigen! Morgen könnte es zu spät, zumindest um einiges schwieriger sein, wenn wir uns im Jenseits wiederfinden sollten.

In diesem Zusammenhang muß auch die sogenannte aktive Sterbehilfe erwähnt werden. Darunter versteht man das bewußte Herbeiführen des körperlichen Todes beispielsweise mittels entsprechender chemischer Substanzen. So verständlich es ist, wenn jemand den schweren Leidensweg eines Kranken nicht mehr mit ansehen kann, so muß doch klar gesagt werden, daß es sich hier um unverantwortliche Tötung handelt. Selbst wenn der Kranke danach verlangt, darf ihm diese »Hilfe« nicht gegeben werden. Ich bin durchaus für das Abschalten der Überlebensmaschinen, wenn der Patient offensichtlich unheilbar krank ist und bei klarem Bewußtsein selber danach verlangt. Wir müssen es auch akzeptieren, wenn solch ein Kranker keine neue Therapie mehr beginnen möchte. Unterschieden werden muß zwischen dem Recht des Kranken, seinen eigenen Tod zu sterben (also eine zusätzliche künstliche Verlängerung der Lebenszeit abzulehnen) und dem eigentlichen Selbstmord sowie der von außen herbeigeführten Tötung. Ich bin ganz klar gegen den sogenannten Gnadentod, halte aber auch nichts von Wiederbelebungsmaßnahmen bei einem im Endstadium von Krebs gequälten Patienten.

Grundsätzlich aber möchte ich auf das hinter dem körperlichen Leiden verborgene Wohl der Seele aufmerksam machen. Gerade in solchen harten Leidensprozessen, die viele Menschen als sinnlos abtun, laufen zugleich für die Seele wichtige Lern- und Reifevorgänge ab. Das heißt nicht, daß wir nichts zur Linderung des Leidens beitragen dürfen. Doch für mich steht an erster Stelle die Wohlfahrt der Seele im Jenseits, die mit der Art und Weise ihres seelischen Abganges hier auf Erden eng verknüpft ist. So wie wir seelisch hier weggehen, genau so kommen wir drüben an. Wer jahrelang mit Zorn, Haß und dem Nichtvergebenkönnen umherläuft, der braucht sich nicht zu wundern, wenn es am Ende seiner Tage qualvoll zugeht. Schauen wir uns doch mal die Familientragödien etwas genauer an ...! Die körperlichen Qualen sind fast immer Ausdruck des unbestellten »Seelenhauses«. Sicherlich gibt es auch Ausnahmen: Seelen, die für andere Menschen Leid mittragen (sogenannte »Opferseelen«).

Das hemmungslose Einsetzen medizintechnischer Maßnahmen zur Lebensverlängerung zeigt unsere Unfähigkeit, dem Tod ins Auge zu sehen und das Sterben eines geliebten Menschen anzunehmen. Hier wird wieder einmal der Bogen des Erträglichen und Sinnvollen überspannt, indem zum Beispiel todkranke Krebspatienten bei Anzeichen von Herz-Lungen-Komplikationen am Ende noch aus der familiären Umgebung auf die Intensivstation abgeschoben werden. Die Ärzte befinden sich oft in einer schwierigen Lage: Erkennen sie die Sinnlosigkeit solcher Maßnahmen und handeln nicht mehr, kann ihnen unter Umständen von seiten der Familienangehörigen der Vorwurf der fahrlässigen Tötung gemacht werden.

Ich meine, daß hier das offene Gespräch zwischen Arzt und Familienangehörigen sowie mit dem Patienten selber mehr gepflegt werden sollte. Es wird, so scheint es, noch zuviel geschwiegen - aus Angst und Ratlosigkeit. Wie gehen wir mit dem Thema »Sterben und Tod« um? Haben wir diesen Lebensbereich nicht allzu perfekt hinter Krankenhausmauern verbannt, um nur noch vorsichtig zu bestimmten Besuchszeiten mit einem Blumenstrauß in der Hand damit konfrontiert zu werden? Geburt und Tod sollten wieder als zwei Seiten einer Medaille im Bewußtsein des Menschen integriert werden. Das Abschiednehmen im vertrauten Familienkreis stellt für alle Beteiligten eine wertvolle Erfahrung dar, wenn wir mutig dem Sterbenden zu Hause beizustehen bereit sind. Wie viele Menschen haben heute Angst, irgendwo abgeschoben in gekachelten Nebenräumen einer Großklinik allein sterben zu müssen. Wir machen es uns zu einfach, wenn wir die Betreuung Sterbender an Krankenschwestern, Krankenpfleger und Zivildienstleistenden abgeben. Sie sind es, die dem Todesgeschehen hautnah tagtäglich begegnen. Auf ihnen lastet viel, besonders wenn die Beziehung zum Tod nicht von einem religiösen Glaubensleben getragen wird. Angstfrei dem Sterbenden zur Seite zu stehen, das allein kann seine seelischen Qualen umfassend erleichtern. Dann wird er auch das körperliche Leiden weniger schmerzvoll empfinden.

Die seelische Betreuung -
Wie können wir helfen ?

Sie kommen in ein Waldstück und finden einen älteren Menschen, der offenbar ohne erkennbare Ursache im Sterben liegt. Weit und breit befindet sich niemand, der außer Ihnen noch helfen könnte. Was unternehmen Sie?

Verlassen Sie vor allem *nicht* den Sterbenden! Denn sonst besteht die Gefahr des psychogenen Schocks, an dem er qualvoll zugrunde gehen könnte. Sie stellen fest, ob der in Not Geratene ansprechbar ist, das heißt, ob er bei Bewußtsein ist. Selbst wenn er bewußtlos ist, empfehle ich, ihn nicht allein zu lassen.

Zunächst schauen Sie, ob Erste-Hilfe-Maßnahmen notwendig sind (zum Beispiel Blutstillung, Atemwege freimachen und eventuell beatmen mit Herzdruckmassage - dieses Wissen sollte immer mal wieder aufgefrischt werden!). Sprechen Sie mit dem Betroffenen, auch wenn er bewußtlos ist (die Seele empfängt Ihre Worte!). Bleiben Sie ruhig und besonnen, wenden Sie sich dem Sterbenden liebevoll zu, indem Sie zum Beispiel seine Hand halten oder Ihre Hand ohne großen Druck auf eine unverletzte Körperstelle legen. Beruhigen Sie ihn und lassen Sie ihn spüren, daß Sie unter allen Umständen bei ihm bleiben werden. Er ist hilflos wie ein kleines Kind. Für solch ein Kind wäre es das Furchtbarste, von der Mutter verlassen zu werden. *Sie* befinden sich jetzt in der Mutterrolle!

Auch Schweigen kann sinnvoll sein, aber scheuen Sie sich nicht, Körperkontakt einzugehen. Auf diese Weise erfolgt eine Art Energieübertragung, die beim gebetsfesten Christen so intensiv werden kann, daß der Notleidende neue Lebenskraft spürt und mit Ihnen vielleicht ins Gespräch kommen möchte. Helfen Sie ihm dabei vorsichtig und einfühlsam. Er muß Ihr ernsthaftes Interesse an seinem Seelenleben empfinden. Auch sollten Sie bereit sein, »harte Brocken« seines Schicksals mitzutragen. Solch ein Gespräch wirkt befreiend. Sie hören zu und sprechen am Ende hörbar oder still für sich ein Gebet, in dem Sie das Gehörte Jesus Christus übergeben und um erlösende Liebe und Gnade für den Sterbenden bitten.

Begegnet Ihnen inzwischen jemand, so bitten Sie ihn, Hilfe zu holen. Auch da kommt es immer auf die Gesamtsituation an. Mir geht es vor allem darum, den Sterbenden nie allein zu lassen. Das Gefühl des absoluten Verlassenseins muß für einen Menschen, der noch keine wirkliche Verbindung zur höheren jenseitigen Welt hat (Engel), in seiner Todesstunde grausam sein. Einem Kind bei der Geburt liebevoll zu helfen, ist uns selbstverständlich. Die gleiche Hilfe sollten wir jedem Sterbenden schenken.

Eine besondere Hilfe in der Sterbebegleitung stellt das Gebet dar. Selbst scheinbar nichtreligiöse Menschen sind in ihrer Todesstunde oft durch das laut gesprochene Gebet zu erreichen und verspüren danach Geborgenheit, Zuversicht und neuen Mut, den letzten Dingen ins Auge zu sehen. Letztlich glaubt wohl jeder an irgend etwas, und sei es so vergänglich wie der Fußballverein oder das eigene Bankkonto. Natürlich ist solch ein Glaube in Krisensituationen nicht allzu tragfähig. Nichts Irdisch-Endliches kann uns auf dem Weg ins Jenseits Hilfe geben. Was bleibt? Wonach sehnen wir uns alle, wenn die Not drückt?

Ist es nicht das, was wir als bedingungsloses Angenommensein, Geborgenheit und am treffendsten mit Liebe bezeichnen können? Genau das braucht der Sterbende, um friedvoll und menschenwürdig hinüberzugehen. Er möchte wie ein kleines Kind seelisch getragen sein, denn er steht kurz vor der »Geburt seiner Seele« in ein neues, freieres Leben.

Vielleicht kann er nicht mehr sprechen, und wir müssen feinfühlig erspüren, was er uns mitteilen möchte (nonverbale Kommunikation: Augen, Gestik und Mimik deuten lernen, oder wir formulieren Fragen, und der Sterbende antwortet mit Ja- und Nein-Zeichen). Nichts sollte ihm aufgedrängt werden. Unser Bemühen, ihn zu verstehen, unser Beistand in seiner Not, nur das kann ihn von unserem Wohlwollen überzeugen. Wir sollten die Chance des stillen Gebetes nutzen. Dadurch wird manches Hemmnis auf der Seelenebene aufgelöst, und der Kranke wagt es, sich uns seelisch zu öffnen. Wir dürfen Gott demütig darum bitten, als Werkzeug SEINER Liebe für diesen Menschen dazusein. Stellvertretend erflehen wir für den Sterbenden einen friedvollen Hinübergang und die Gnade Jesu Christi für seine Seele. Meist ergibt sich nach diesem inneren Dienst ein Gespräch oder Gebet im Äußeren. Alles Äußere muß immer erst im Inneren des Menschen heranreifen, ehe es zutage treten kann. Haben wir Geduld mit dem Sterbenden und mit uns selbst!

Der Abschied von dieser Welt ist nahe, wenn der Sterbende uns erzählt, daß er verstorbene Verwandte im Traum oder gar im Wachzustand im Zimmer gesehen hat. Meist haben ihm diese Freunde zugewinkt oder mit ihm gesprochen. In den letzten Minuten (oder manchmal auch Stunden) ihres Lebens haben viele Menschen ein erweitertes Bewußtsein, das heißt, sie nehmen die jenseitige Welt optisch und /oder akustisch wahr. Manche berichten von Lichtgestalten, die ins Zimmer schweben und sie betreuen. Andere hören ein Glockenläuten oder seltsame Musik, die viel schöner als alle irdische Musik klingt. Wir sollten solche Aussagen

40

ernst nehmen und uns mit dem Sterbenden freuen. Jetzt heißt es Abschied nehmen. Den geliebten Menschen loslassen, denn er möchte endlich gehen und zum "neuen Ufer" hinübergelangen. Manchmal formulieren Sterbende sehr ehrlich ihre Sehnsucht nach dem Hinübergang ins Jenseits, was auch eine wichtige Hilfe für sie selber darstellt.

Wünschenswert wäre der Abschied zu Hause im familiären Rahmen, was sicherlich aus medizinischen und pflegerischen Gründen nicht immer möglich ist. So aber lief es früher ab: Die Verwandten und engsten Freunde waren im Krankenzimmer zugegen, alle weltlichen Dinge waren besprochen und geordnet worden. Jeder verabschiedete sich vom geliebten Menschen und stand diesem während des Sterbevorganges und noch einige Zeit danach im Gebet bei. Der Tod war ein natürlicher Bestandteil des Lebens, den es anzunehmen galt. Schon die Kinder wuchsen mit einer gesunden Beziehung zum Sterben auf. Mit Hilfe des Gebetes und christlicher Rituale konnten die Hinterbliebenen den Verlust besser bewältigen. Ich will hier nicht die "gute alte Zeit" verherrlichen, sondern einiges aufzeigen, was sie an Sinnvollem enthielt und was heute größtenteils verlorengegangen ist. Wir haben uns bewußtseinsmäßig weiterentwickelt. Es ist für den heutigen Menschen zur Selbstverständlichkeit geworden, nach dem Warum und Wozu zu fragen. Rituale ohne Bewußtseinsinhalte helfen uns nicht mehr. Wir können aber vieles neu entdecken und verstehen lernen und dürfen die Fragen nach Tod und Jenseits ganz bewußt stellen. Da sollte es keine Tabuisierung geben, denn was wir aus unserem Leben ausklammern, das wird uns spätestens am Ende fehlen und innere Not bereiten.

»Not lehrt beten«, so sagt es der Volksmund sehr treffend. Aber sollten wir das Beten, die bewußte Rückbindung zu unserem Gott und Schöpfer, nicht schon lange Zeit vor den Krisensituationen des Lebens und besonders vor der Todesstunde geübt haben? Beten will gelernt sein, genauso wie wir das Schreiben, Lesen und Autofahren erstmal mühsam lernen mußten, ehe das alles wie von selbst spielend leicht ablief. Der lebendige Christ ist von einem ständigen Gespräch mit dem menschgewordenen Gott, Jesus Christus, erfüllt, ob nun zu bestimmten Ruhezeiten im einsamen Zimmer, bei der täglichen Arbeit oder auch während der Autofahrt. Diese Verbindung mit der Liebe Gottes ist seine ganze Sehnsucht, die Quelle höchster Glückseligkeit und größten Friedens. Und es gibt nichts Schöneres für ihn, als einem in Not Geratenen oder gar Sterbenden beizustehen und an seiner Not mitzutragen. Genau da nämlich kann sich die Liebe Gottes offenbaren: in der Seelennot, die so Linderung und Verwandlung erfährt (da können wir von Mutter Teresa lernen). Der Liebe übende Mensch kennt kein besseres Betätigungsfeld, als sich der Qualen aller Geschöpfe anzunehmen.

Versuchen wir, uns in die Situation des Sterbenden hineinzufühlen, so könnte seine letzte Bitte an uns folgendermaßen lauten:

»Wenn ich nun meinen letzten Weg zu gehen habe, dann laß mich bitte nicht allein. Halte meine Hand und sei einfach da.

Du mußt mich nicht unterhalten, verkrampft nach Gesprächsthemen suchen. Selbst wenn du schweigst, hilft deine Nähe. Und wenn ich nicht mehr sprechen kann, ja vielleicht sogar im Koma liege, dann glaube nicht, daß ich dich nicht mehr hören kann. Ich höre, erfühle und brauche dich!

Und wenn wir miteinander sprechen, dann bitte ehrlich und offen. Du darfst auch deine Hilflosigkeit und Angst ein-

gestehen. Nur bitte kein Theaterspiel, nichts Künstliches. Laß uns zum Wesentlichen kommen, wenn ich endlich den Mut dazu gefunden habe.

Trage mit mir mein Kreuz, jene Krankheit und Seelennot, die mein irdisches Ende bedeuten, und schöpfe alle Möglichkeiten aus, meine Schmerzen zu lindern.

Ertrage bitte meine Wut und Traurigkeit, die Ausdruck meiner Ohnmacht sind. Ich möchte dich nicht verletzen, wenn ich verzweifelt mit dem Tode ringe und dich um deine Lebenskraft beneide. Sei geduldig mit mir, denn der Weg bis zum »Ja, ich bin einverstanden« ist hart und weit. Laß ihn uns gemeinsam gehen!

Wenn du beten kannst, dann bete für mich! Bete still, und ich werde Kraft und neuen Mut finden, den letzten Dingen ins Auge zu sehen. Bete laut, falls ich dich darum bitte, und wir wollen gemeinsam unseren Schöpfer anrufen und um seine Führung bitten.

Halte mich nicht fest, denn am Ende meines Lebens spüre ich, daß ich gehen möchte - gehen darf! Mach mir bitte diesen Abschied leicht, indem du mich ganz freigibst - mich in Gotteshand zurücklegst. Klage niemanden an, denn es ist gut so, wie es ist.

Mein Sterben soll für uns beide fruchtbar sein. Lebe du dein Leben auf Erden bewußter, liebevoller! Durch das Band der Liebe werden wir frei verbunden sein, denn jener Geist kennt keine Grenzen. Trag dies im Herzen, und wir werden uns wiederbegegnen!«

Der Übertritt ins Jenseits

Medizinisch wird der Tod in zweifacher Hinsicht differenziert:

1. Stillstand der Herztätigkeit und Atmung bedeuten den klinischen Tod;

2. Der Tod des Hirns bedeutet den biologischen Tod.

Im »Klinischen Wörterbuch« (Pschyrembel) lesen wir: »Todesmerkmale, Todeszeitpunkt: sichere Zeichen des eingetreten Todes sind Totenflecke (Verwesungsflecke), Leichenstarre und Fäulnisprozesse. Als Zeichen für den Eintritt des Todes galt früher der Stillstand des Herzens und der Atmung. Mit den modernen Reanimationsmaßnahmen ist es möglich, die Herz-Kreislauf-Tätigkeit und die Atmung noch für eine gewisse Zeit aufrechtzuerhalten, nachdem der Hirntod schon eingetreten ist ... Aus diesem Grunde muß der Zeitpunkt des Todes neu definiert werden: Der Zeitpunkt des Todes ist der Zeitpunkt, in dem der Hirntod eintritt, also die Hirnfunktion erlischt. Das gleiche gilt auch, wenn das Herz noch schlägt.« (2)

Die Funktion des Hirns stellt also organisch gesehen die entscheidende Bedingung im Hinblick auf Leben oder Tod dar. Der klinische Tod bedeutet noch nicht den definitiven Tod, denn hier ist durch entsprechende Maßnahmen eine Wiederbelebung möglich. In dieser Phase hängt die Seele buchstäblich »am seidenen Faden«: die seelische Nabelschnur zum Körper ist noch nicht durchtrennt. Viele Menschen, die sich in diesem Schwebezustand zwischen Leben und Tod befunden haben, berichteten dem amerikanischen Arzt Dr. Raymond Moody über ihre Todesnähe-Erfahrungen.

Aus diesen ungefähr 150 gesammelten Berichten klinisch Verstorbener hat sich folgendes Erfahrungsmodell ergeben (Zitat: Dr. R. Moody, »Nachgedanken über das Leben nach dem Tod«):

»Ein Mensch liegt im Sterben. Während seine körperliche Bedrängnis sich ihrem Höhepunkt nähert, hört er, wie der Arzt ihn für tot erklärt. Mit einem Mal nimmt er ein unangenehmes Geräusch wahr, ein durchdringendes Läuten oder Brummen, und zugleich hat er das Gefühl, daß er sich sehr rasch durch einen langen, dunklen Tunnel bewegt. Danach befindet er sich plötzlich außerhalb seines Körpers, jedoch in derselben Umgebung wie zuvor. Als ob er ein Beobachter wäre, blickt er nur aus einiger Entfernung auf seinen eigenen Körper. In seinen Gefühlen zutiefst aufgewühlt, wohnt er von diesem seltsamen Beobachtungsposten aus den Wiederbelebungsversuchen bei.«

»Nach einiger Zeit fängt er sich und beginnt, sich immer mehr an seinen merkwürdigen Zustand zu gewöhnen. Wie er entdeckt, besitzt er noch immer einen "Körper", der sich jedoch sowohl seiner Beschaffenheit als auch seinen Fähigkeiten nach wesentlich von dem physischen Körper, den er zurückgelassen hat, unterscheidet. Bald kommt es zu neuen Ereignissen. Andere Wesen nähern sich dem Sterbenden, um ihn zu begrüßen und ihm zu helfen. Er erblickt die Geistwesen bereits verstorbener Verwandter und Freunde, und ein Liebe und Wärme ausstrahlendes Wesen, wie er es noch nie gesehen, erscheint vor ihm. Dieses Wesen richtet - ohne Worte zu gebrauchen - eine Frage an ihn, die ihn dazu bewegen soll, sein Leben als Ganzes zu bewerten. Es hilft ihm dabei, indem es das Panorama der wichtigsten Stationen seines Lebens in einer blitzschnellen Rückschau an ihm vorüberziehen läßt.«

»Einmal scheint es dem Sterbenden, als ob er sich einer Art Schranke oder Grenze nähere, die offenbar die Scheidelinie zwischen dem irdischen und dem folgenden Leben darstellt. Doch wird ihm klar, daß er zur Erde zurückkehren muß, da der Zeitpunkt seines Todes noch nicht gekommen ist. Er sträubt sich dagegen, denn seine Erfahrungen mit dem jenseitigen Leben haben ihn so sehr gefangen genommen, daß er nun nicht mehr umkehren möchte. Er ist von überwältigenden Gefühlen der Freude, der Liebe und des Friedens erfüllt. Trotz seinem inneren Widerstand - und ohne zu wissen, wie - vereinigt er sich dennoch wieder mit seinem physischen Körper und lebt weiter.« (3A)

Das eben Gehörte ist eine schematische Darstellung, in Wirklichkeit erlebt jeder Mensch seinen eigenen, individuellen Tod sprich Übergang ins Jenseits. Und doch tauchen

immer wieder gewisse Grundelemente auf, die auf eine allgemeine Verbindlichkeit hindeuten. Dazu zählt das sogenannte **Tunnel-Erlebnis**, das schon Hieronymus Bosch (um 1450 bis 1516) sehr beeindruckend gemalt hat (Seite 47). Am Ende des Tunnels strahlt der Seele gleißendes Licht entgegen. Nun sieht und hört der Verstorbene zum Beispiel die helfenden Ärzte (übrigens oft auch bei Operationsnarkose!). Dessen sollten sich die Anwesenden bewußt sein und auf ihre Worte und Gedanken achten, denn all das ist für den Hinübergehenden wahrnehmbar.

Klinisch verstorbene Blinde haben nach ihrer Reanimation berichtet, daß sie alles deutlich sehen konnten. Die Seele selbst ist also nach der Loslösung vom Körper wieder vollständig und ganz. Dies erklärt auch den Phantomschmerz, den Beinamputierte meist intensiv dort spüren, wo das materielle Bein fehlt. Es ist das Seelenbein, das während des Lebens auf Erden schmerzt, da die materielle Hülle des Beines fehlt (sie sollten dann versuchen, das Seelenbein in den Körper gedanklich einzuziehen).

Der Verstorbene muß sich langsam an seinen neuen Seinszustand gewöhnen. Meistens erkennt die Seele nicht, daß sie ihren Körper verlassen hat. Dieser Umstand verursacht viel Verwirrung und Not. Der Hinübergegangene versteht nicht den Zusammenhang zwischen Körper und Seele und glaubt nicht an seinen Tod. Verzweifelt versucht er, mit den Ärzten und Angehörigen Kontakt aufzunehmen. Alle reden von seinem Tod, dabei lebt er doch noch immer. Der Verstorbene müßte so lange seelisch betreut werden, bis er ganz begreift, was geschehen ist und vollends von der Erde Abschied genommen hat. In anderen Kulturen wird dies rituell vollzogen (siehe Tibetanisches Totenbuch), und auch bei uns finden wir noch innerhalb der katholischen Kirche das Rosenkranz-Beten und Messe-Lesen. Sinnvoll wäre es, wenn die letzten Bezugspersonen und vor allem die Verwandten und Freunde des Verstorbenen diesen Dienst täten. Es geht hierbei um die liebevolle Zuwendung und das aufklärende Gespräch mit ihm über seinen veränderten Zustand. Früher setzte an dieser Stelle zwischen Tod und Beerdigung die sogenannte »Totenwache« ein, die drei Tage und drei Nächte dauerte.

Ist die Seele verwirrt und fehlt diese Belehrung durch die Hinterbliebenen (wir gehen hier immer von einem »Normalbürger« aus, der sich nie zu Lebzeiten mit dem Sterben und dem Danach beschäftigt hatte und so recht und schlecht dahinlebte), klammert sie sich krampfhaft an der irdischen Welt fest. Das, was ihr vertraut und wichtig war, das möchte sie nun aus Gewohnheit und Angst nicht loslassen. Doch dazu später mehr.

Schauen wir uns den Übertritt noch mal genauer an. Nehmen wir an, die seelische Nabelschnur zerreißt, und die Wiederbelebungsmaßnahmen sind damit nicht mehr erfolgreich. Die Seele hat den Tunnel durchquert und schaut sich drüben um. Möglicherweise wird sie von verstorbenen Verwandten begrüßt. Der Schutzengel führt die Seele weiter, und plötzlich tauchen Bilder und Szenen des vergangenen irdischen Lebens auf, zum Beispiel: die eigene Hochzeit, der begangene Betrug in der Firma, der nie entdeckt wurde; der ausgeübte Druck auf die Ehefrau, die zwei Kinder abtreiben lassen mußte; die schweren Kriegserlebnisse des jungen Soldaten, als er einer Exekution beiwohnen mußte; die schmerzvollen Kinderjahre unter strengster Erziehung und die Geburt im Jahre 1917.

Diese Seelenschau läuft zeitlich rückwärts ab. Im Jenseits kann man alle vorhergehenden Lebenszustände und Erfahrungen überschauen. Die Seele des Verstorbenen befindet sich in der reinen Lichtwelt: Alles ist offenbar, nichts bleibt in dieser Lichtstrahlung verborgen - auch nicht der geringste zu Lebzeiten gedachte Gedanke. Wir sind ein sich wandelndes Bewußtsein, was sich in Neigungen, Sehnsüchten und Abneigungen gefühls- und gedankenmäßig ausdrückt. All diese geistigen Kräfte nehmen im Jenseits bildhafte Formen an. Nichts braucht ausgesprochen zu werden, weil es ja kein "Außen" mehr gibt: Alles ehemals Innere ist jetzt außen und offenbar. Kurz gesagt: Unsere heutige Gefühls- und Gedankenwelt ist im Jenseits unsere Umwelt. Was uns zu Lebzeiten innerlich erfüllt hat, begegnet uns jetzt als Abbild im Äußeren, damit es uns endlich bewußt wird. Wir sind Schöpfer unserer eigenen Seelenwelt. Unsere heutigen Haßgefühle und zerstörerischen Gedanken wie auch die schöpferisch-liebevollen Gedanken und Gefühle umgeben uns im Jenseits als wesenhafte Kräfte und Formen. Auch werden wir die Folgen ertragen müssen, die unsere Gedanken und Gefühle bei anderen Menschen verursacht haben. Hieronymus Bosch und Pieter Breughel mit ihren zum Teil schaurigen Visionen nahmen offenbar die Seelenwelt wahr.

Diese als »Lebensfilm-Phänomen« bezeichnete Seelenschau wird vom Verstorbenen intensiv empfunden. Er bleibt kein teilnahmsloser Betrachter. Hören wir dazu noch einmal Dr. Moody:

»Andere gehen sogar noch weiter und erklären, im Verlauf dieser Gesamtschau sei jede Einzelheit, die sie jemals in ihrem Leben getan oder gedacht hatten, zu sehen gewesen. Alles Gute und alles Böse sei dabei plötzlich und gleichzeitig ins Bild gekommen. Man wird sich auch daran erinnern, daß es wiederholt geheißen hatte, dieses Lebenspanorama habe in Gegenwart eines Lichtwesens stattgefunden, welches von Gewährspersonen mit christlichem Hintergrund als Jesus Christus angesprochen wurde, und dieses

Wesen habe ihnen sinngemäß die Frage gestellt: "Was hast du aus deinem Leben gemacht?"«

»Wenn man darauf dringt, so genau wie möglich zu erklären, worauf diese Frage hinauslief, dann drücken sich die meisten so ähnlich aus wie jener eine Mann, der im Gespräch mit mir (Dr. Moody) die treffendste Formulierung gebrauchte: Eigentlich sei ihm die Frage gestellt worden, ob er in seinem Leben so gehandelt habe aus Liebe zu anderen Menschen, ob also die Liebe sein Handeln motiviert habe. In diesem Moment, so könnte man sagen, habe so etwas wie ein Gericht stattgefunden, denn wenn diese Menschen in einem solchen Zustand gesteigerten Bewußtseins die selbstsüchtigen Taten zu sehen bekamen, die sie in ihrem Leben begangen hatten, dann wurden sie von bitterer Reue ergriffen.« (3B)

Die Seele befindet sich jetzt im Lichte der Liebe, wo aller Egoismus, alle Unwahrheit, alles bis dahin seelisch Verborgene sichtbar wird. Dies ist bei einer lieblosen Vergangenheit ein sehr schmerzvoller Zustand, denn die aufsteigenden Reue- und Schuldgefühle brennen in der Seele wie ein reinigendes Feuer. Die katholische Glaubenslehre spricht vom »Fegefeuer«, von der Reinigung der Seele. Sie beschreibt damit einen seelischen Zustand. Liebe wird symbolisch auch als Flamme dargestellt, die das Unreine läutert.

Dr. Moody interviewte im wesentlichen »normale Bürger«, die keinen anderen Menschen umgebracht oder sonst irgendwie übergroße Schuld auf sich geladen hatten. Sie berichteten fast nur von angenehmen Todesnähe-Erlebnissen. So einfach, schön und wunderbar liegen die Dinge allerdings nicht immer. Vereinzelt wurden auch wiederbelebte Selbstmörder befragt, die im Jenseits sehr unangenehme Seelenzustände erlitten. Ihnen wurde schnell klar, daß

Selbstmord nur Flucht vor irdischen Aufgaben bedeutet. Im Jenseits lasteten die ungelösten Probleme und vor allem die Verantwortung für das weggeworfene Leben schwer auf ihnen.

Meine Erfahrungen mit Selbstmördern haben ergeben, daß das Motiv für den Selbstmord sehr ausschlaggebend ist: Geschieht die Tat aus Rache gegen eine Person oder besteht eine ausweglose Seelennot? Dazu später noch konkrete Beispiele.

Was geschieht mit einem Mörder oder gar Massenmörder? Sicherlich ist er nicht »im siebten Himmel«, denn er würde solch einen hohen Bewußtseinszustand gar nicht aushalten. Solche Seelen fliehen sogar das normale Tageslicht und flüchten sich in dunkle Keller oder gehen in die Tiefen der Erde (letzteres würde dem Begriff der »Hölle« gleichkommen), wo sie sich gemäß ihres dunklen, lieblosen Bewußtseins am wohlsten fühlen. Warum haben wohl kleine Kinder Angst, wenn sie aus dem Keller etwas holen sollen? Sie spüren die niederen Wesen und Seelen, die sich in der Finsternis aufhalten. Manche Kinder sehen sie sogar, wie mir schon öfters erzählt worden ist. Bis zu ungefähr fünf Jahren nehmen Kinder zeitweise die jenseitige Welt mit ihren lichten und dunklen Seiten visuell wahr.

Nach dem körperlichen Tod und der Lebensrückschau verweilt die Seele meist noch einige Wochen auf Erden, um manch erkannten Fehler zu bereinigen. Dies geschieht, indem der Verstorbene zu den einstigen Konfliktpartnern hingeht und ihnen nun in Liebe auf der Gedanken- und Gefühlsebene manch kleine Hilfe zu geben versucht. Je mehr Lieblosigkeiten (Schuld) die Seele belasten, desto stärker und länger bleibt sie an die Erde gebunden. Dies klingt sicherlich in den Ohren mancher Christen unbarmherzig und hart, entspricht aber der absoluten Gerechtigkeit

Gottes, wie sie Jesus selber verkündet hat (Matth. 5, 17 - 19 und 26). Auch hierin kann ich die Liebe Gottes entdecken, denn wer als Verstorbener die Hilfe und Gnade Jesu erfleht, mit dem geht Jesus von einem Geschädigten zum anderen, um Wiedergutmachung zu leisten.

In der Kirchensprache bezeichnet man diese erdgebundenen Verstorbenen als »arme Seelen«, denn sie sind arm an Liebe. Diese Seelen können bei entsprechend liebloser Vergangenheit und ohne unsere helfende Fürbitte bis zu Jahrzehnten und Jahrhunderten hier auf Erden umherirren. Ihr Bewußtsein ist durch begangene Lieblosigkeiten dermaßen verdunkelt, daß sie nicht fähig sind, höhere Lichtwesen - sprich Engel - zu erkennen. Gerade diese Seelen brauchen dringend unsere Fürbitte, um im Lichte der Liebe Jesu Christi gereinigt zu werden und dann weiter in höhere Sphären aufsteigen zu können.

Ich denke in diesem Zusammenhang an deutsches KZ-Personal, das Gefangene zu Tode quälte. Diese Taten wirken sich noch auf unser heutiges Leben aus, also bis zur Enkel- und Urenkelgeneration. Von der »Gnade der späten Geburt» kann da keine Rede sein, denn die Kinder und Kindeskinder haben das unbewältigte Erbe ihrer Väter und Mütter aufzuarbeiten. Die Geschichte ist in diesem Sinne nicht vergangen, sondern in der Ewigkeit zeitlos gegenwärtig. Es ist die Aufgabe der noch irdisch Lebenden, im Gebet um die Reinigung der Täterseelen zu bitten und vor allem für die damaligen Opfer zu beten, daß ihre seelischen Wunden endlich geheilt werden.

Auf der materiellen Ebene ist durch Geldzahlungen sicherlich eine Wiedergutmachung geschehen. Aber die seelische Schuld, das den Verfolgten zugefügte seelische Leid, ist noch nicht im mindesten beglichen. Hierfür haben wir, wenn wir unseren christlichen Glauben ernst nehmen, die Gnade des Gebetes zur Erlösung der Vergangenheit. Nach solcher Wiedergutmachung und Zurückzahlung der seelischen Schulden im Gebet (Wobei fünf Vaterunser für die damaligen Opfer nicht ausreichen! Entscheidend ist der Bewußtseinswandel im Herzen der Seele.) wären wir Deutsche wirklich frei und bräuchten nichts mehr zu verdrängen. Mir ist klar, wie unangenehm die Schuldfrage auf uns allen lastet - auch wenn das viele nicht wahrhaben wollen (die Reaktion auf die Jenninger-Rede von 1988 im Bundestag beweist es nur!). Es wäre aber schlichtweg blauäugig, wenn wir glaubten, den von der Bank vor 30 Jahren bezogenen Kredit wegen Verjährung oder der Erklärung einer »Stunde Null« nun plötzlich nicht mehr zurückzahlen zu müssen. In der Seelenwelt gibt es keine Zeit, wie wir sie gewohnt sind, und genau das vergessen wir bei unserer Rechnung. Die Liebe JESU ist es, durch die alles offenbar werden wird. Das Gesetz von Saat und Ernte gilt, und es ist gerecht! Dazu kommt aber die barmherzige Hilfe JESU, die den Schuldigen von seinen Lasten befreien will. Dies ist aber nur auf der Basis echter Reue möglich, wenn der Täter seinen folgenschweren Irrtum, den Verstoß gegen das ewige Harmoniegesetz der Liebe, erkennt. Der Wunsch nach Bereinigung der Lieblosigkeiten - im kirchlichen Sinne die »Buße« - führt durch folgende Liebestaten zu einer neuen, lichteren Seelenstruktur. Mögen wir die Chance des Gebetes und eines tiefen Bewußtseinswandels möglichst zu irdischen Lebzeiten nutzen, denn die Einsichtigkeit der Seele wird mit dem Übertritt ins Jenseits nicht im mindesten verbessert. Wer hier seine Schattenseiten nicht erkennen und wandeln wollte, der will es drüben genauso wenig. So wartet auf den uneinsichtigen Dieb oder Mörder immer wieder Diebstahl oder Mord. Er selber muß spüren, wie es sich anfühlt, bestohlen oder ermordet zu werden, um bewußtseinsmäßig

54

reifen zu können. Sein Schicksal formt er sich selber, und es wird sich erfüllen: im Diesseits oder im Jenseits. Goethe formulierte diesen Umstand mit den Worten »Alle Schuld rächt sich auf Erden«. Ich möchte hinzusetzen: Oder sie rächt sich in der jenseitigen Welt, wenn dort der Täter zum Opfer wird.

Wie sehr viele Verstorbene hier auf Erden noch kräftig mitmischen, zeigt uns ein letztes Zitat von Dr. Moody (die Informationen in Klammern wurden zum besseren Verständnis ergänzt):

»So erzählte er (der klinisch Tote) beispielsweise, er habe irgendeinen ganz gewöhnlichen Mann (also einen Diesseitigen) auf der Straße laufen sehen, und ohne daß es dem bewußt gewesen wäre, sei einer von diesen bekümmerten Geistern (Verstorbenen) über seinem Kopf einhergeschwebt. Er sagte, es sei ihm so vorgekommen, als wäre dieser Geist zu Lebzeiten die Mutter des Passanten gewesen, die noch immer nicht von ihrer irdischen Rolle habe lassen können und nun ihrem Sohn zu sagen versuchte, was er tun solle.« (3C)

Unsere Vorstellungen vom Jenseits als einem weit entfernten Ort, wo alle Seelen völlig untätig im ewigen Frieden verweilen oder die ewige Verdammnis erleiden, sind schlichtweg irrig. Das Jenseits ist so vielgestaltig, wie die Menschen mit ihren Gedanken und Gefühlen verschieden sind. Jede Seele zieht es nach der Seelenrückschau und deren Auswertung in eine ihrer Bewußtseinsstufe entsprechende Sphäre. Jesus beschreibt das mit den Worten »in meines VATERS Haus sind viele Wohnungen« (Joh. 14, 2). Diese »Wohnungen« entsprechen bestimmten Bewußtseinszuständen. Verschiedene Entwicklungsstufen sind hier voneinander getrennt - im Gegensatz zur Erde, wo alles bunt durchmischt miteinander in Beziehung tritt, um aneinander zu lernen. Im Jenseits finden wir auch unsere irdische Welt mit allen lichten und dunklen Seiten als seelisches Abbild. Was auch immer von Menschen gedacht und getan wird, es existiert weiterhin abbildhaft (»feinstofflich«) in der anderen Welt. Beide Seinsbereiche treten in Wechselbeziehung. Wird auf Erden ein Gebet gesprochen, so wirkt das sehr tief in die jenseitigen Sphären hinein. Kommt ein uneinsichtiger politischer Fanatiker drüben an, so wird er versuchen, das irdische Geschehen von der Seelenebene aus zu beeinflussen. Besonders unsere irdischen Kriege sind von jenseitigen Kampfhandlungen stark beeinflußt. Ja, man muß sagen, daß immer dies- und jenseitige Aggressionspotentiale zusammentreffen und es dadurch dann zu manifesten Kriegshandlungen kommt. Fragen wir nach der Auflösung von Aggression und Schuld, so kann nur die liebende Annahme des Feindes im Diesseits wie im Jenseits die Antwort sein. Der Wille zur Liebe spielt im Erlösungsgeschehen eine zentrale Rolle. Wer um die Liebe ringt, dem wird das Vollbringen von dieser Liebe geschenkt. Sie ist nicht machbar, aber unsere Sehnsucht nach dieser ewigen Kraft wird Wunder in und um uns herum wirken.

Angewohnheiten, vor allem Süchte, nehmen wir, da sie seelische Prägungen darstellen, mit ins Jenseits hinüber. Der Verstorbene versucht, seine Sucht weiterhin zu befriedigen, was ohne Körper aber nicht möglich ist. Also geht er zu irdischen Leidensgenossen, die zum Beispiel an Zigaretten gebunden sind, und lebt nun in der Aura des Diesseitigen in einer Art Genußsymbiose. Der Raucher spürt, daß ihn fünf Zigaretten pro Tag mit der Zeit nicht mehr zufriedenstellen und er erhöht auf 10 oder 20 Stück. Er raucht eben nicht nur für sich, sondern auch für süchtige Raucher-Seelen, die ihn gedanklich zum Rauchen auffordern. Jede Sucht hat ja etwas Zwingendes, Drängendes an sich - sie macht den

Menschen unfrei. Das Nikotin bewirkt eine Zersetzung und Verunreinigung der Aurastrahlung. Beim Genuß von Kaffee wird die Aura ebenfalls geschädigt und, damit verbunden, das Nervensystem überreizt. Niedere Energien (Wesenheiten) können dann viel leichter in die Seele eindringen, und das Erreichen tiefer Meditation wird erschwert.

Wir verstehen nun auch die Depression besser, also die völlige Gedanken-, Gefühls- und damit Sinnleere. Gelegentlich stellt sie sich schon bald nach dem Tod eines Ehepartners ein. Der Hinterbliebene fällt seelisch in ein Gefühls-Nichts und ist von einer völligen Leere geplagt. Ein verstorbener Ehemann geht zum Beispiel nach seinem Ableben als Seele zu seiner Frau, denn dort war er ja immer, und an ein Weiterleben nach dem Tod glaubte er nicht. Er verfügt nur über wenig Lebenskraft und spürt, daß es ihm in der Aura seiner Frau besser geht. Was geschieht dabei?

Die aus der jenseitigen Welt einströmenden Gedanken- und Gefühlskräfte, die bei der hinterbliebenen Frau früher in ihrer Seele ankamen und ihr Lebenssinn und Freude gaben, diese Kräfte saugt nun der verstorbene Ehemann in sich hinein - nur so kann er mit seinem begrenzten Bewußtsein seelisch überleben. Seiner Frau geht es aber von Tag zu Tag schlechter, bis sie vielleicht irgendwann Psychopharmaka verschrieben bekommt. Hierdurch werden die Erregungsschaltstellen der Nerven entkoppelt, und die seelische Verbindung zu ihrem Ehemann wird unterbrochen. Er kann jetzt nicht mehr seine Frau seelisch anzapfen und ihr die einfallenden Geisteskräfte wegnehmen. Bald darauf fühlt sie sich wieder besser. Für den Mann wird die Not aber immer größer. Der eigentliche Lösungsweg sähe so aus:

Der verstorbene Ehemann muß über seinen veränderten Zustand aufgeklärt werden, denn sehr viele Seelen wissen gar nicht, daß ihr Körper gestorben ist. Mit ihm und seiner

Ehefrau sollte nun gemeinsam gebetet werden. Im Gebet verbinden wir uns mit der alles erschaffenden und ernährenden Kraftquelle - mit Gott. Zugleich bitten wir um Reinigung und Weiterführung für die Seele des Ehemanns. Ihm muß mit viel Geduld klargemacht werden, daß er sich von der Erde lösen soll und darf, um in höhere, schönere Sphären aufzusteigen. Dazu bitten wir Jesus Christus um seine Gnade und Barmherzigkeit. Der Verstorbene sollte selber das Beten lernen und darum bitten, durch Jesu Liebe geläutert zu werden und die ihn führenden Geistwesen erkennen zu dürfen. Auch sollten unbereinigte Ehekonflikte, die den Verstorbenen vielleicht noch schuldmäßig an seine Ehefrau binden, mit Hilfe eines hellfühlenden irdischen Vermittlers bereinigt werden. Eine offene Aussprache ist auch jetzt - wenn auch unter schwierigeren Umständen - möglich. Danach findet der Lösungsprozeß von der Erde statt.

Meist dauert es allerdings einige Zeit, bis die Verstorbenen verstehen, worum es geht. Sie sind oft durch ihre Unwissenheit, ihren Stolz und sehr irdische Verlangen (Süchte) in ihrer Erkenntnisfähigkeit blockiert. Es zeigt sich das alte Problem: Was wir in der Schule des irdischen Lebens nicht gelernt haben, das ist im Jenseits nicht so einfach nachzuholen - es fehlt uns! So, wie wir hier weggehen, genau so kommen wir drüben an. Man frage nur einmal einige Bekannte, was uns denn nach dem Tod erwartet. Die wenigsten Menschen forschen in dieser Richtung, aber nichts ist doch nun mal so sicher wie der Tod unseres Körpers. Würden wir morgen auf eine karibische Insel verbannt, wir suchten sofort alle zur Verfügung stehenden Informationen über diesen Erdteil zusammen, um entsprechend vorbereitet zu sein. So gibt es heute genügend Informationen von Menschen, die klinisch verstorben waren und wieder reanimiert wurden. Mögen wir ihre Berichte anhören!

Die heute übliche **Feuerbestattung** wird für den Verstorbenen meist zu einer weiteren Qual. Sehr materiell eingestellte Menschen kleben bewußtseinsmäßig am Irdischen und damit nach ihrem Tod am eigenen Körper. Ist ihr Leib erdbestattet worden, besteht zu ihm noch lange Zeit (bis zu Jahren) eine Verbindung. Die Seele löst manch feinstoffliche Substanz aus dem langsam zerfallenden Körper heraus, um sie in sich aufzunehmen. Dieser Prozeß wird durch die Feuerbestattung oft wenige Tage oder Wochen nach dem Tod abgebrochen, was eine materiell orientierte Seele bei fast 1000 Grad Hitze als Höllenqual empfindet. Ich empfehle zu diesem Thema das Buch »Gegen den Frevel der Feuerbestattung« von Roesermueller. Die Erdbestattung entspricht nun mal unserem Kulturkreis. Der Inder hat einen andersartigen religiösen Hintergrund, und die Feuerbestattung führt dort auch nicht zur völligen Zerstörung des Körpers, also keine totale Veraschung, wie es in unseren Krematorien der Fall ist. Wer wenig Liebe in seine Seele zu Lebzeiten eingeprägt hat, dem bereitet dieses Feuer größte Schmerzen. Hat die Seele aber viel Liebe geübt und für andere Menschen Opfer erbracht, stehen ihr dann geistige Helfer zur Seite, die die Schmerzen stark abmildern. Die Liebe ist auch hier aller Gesetze Erfüllung - sie allein macht frei.

Es soll hier aber auch erwähnt werden, daß andere Autoren gerade in der Feuerbestattung eine Hilfe für die Seele sehen. Durch das Feuer wird der Ätherleib, über den die höheren Seelenkörper (d.h. die Seele in ihren verschiedenen Schwingungsebenen: Astral-, Mental- und Kausalkörper) mit dem materiellen Leib verbunden sind, sehr schnell aufgelöst. Die Seele wird sozusagen aus dem Physischen hinausgetrieben und erfährt - wenn auch sicherlich oft sehr schmerzvoll - ein Stück Freiheit.

Himmel und Hölle sind Bewußtseinszustände der Seele. Sie schafft sich ihre Welt, und das schon zu Lebzeiten auf Erden. Im Jenseits folgt dann nur die logische Konsequenz der irdischen Lebensart. Hatte man hier gegen jeden prozessiert, anderen Druck gemacht und sie bekämpft und verteufelt, so findet das drüben seine folgerichtige Ernte. Ist nicht genau das die Hölle, ob nun hier oder drüben: Jeder gegen jeden, mit Druck, seelischen Daumenschrauben und spitzen Pfeilen? Und im Jenseits begegnet einem der einstmals Unterlegene oder sein Freund, um mit stets wachsender Begeisterung an einem Rache zu nehmen. Was man ihm damals unrechtmäßig wegnahm, das fehlt einem jetzt selber. Da ist kein Freund, der helfen würde, denn wem war man ein Freund zu Lebzeiten ...?

Manch einer wird mir vorwerfen, mit zu düsteren Farben zu malen. Aber schauen wir uns doch mal das irdische Treiben an. All die Tragödien des Lebens finden ihre Fortsetzung im Jenseits, ja, sie sind mit diesem eng verknüpft. Das Diesseits und das Jenseits beeinflussen sich gegenseitig, denn sie wirken ineinander wie die verschiedenen Zahnräder einer Uhr. Wer zu Lebzeiten Sand sprich Lieblosigkeiten in sein eigenes Seelenuhrwerk gestreut und diese Dummheit nicht wieder bereinigt hat, den plagt genau dieser Sand im Jenseits. Wir können immer nur das empfangen, was wir zu geben bereit waren (Saat und Ernte).

Den Himmel wollen wir natürlich nicht vergessen. Auch diese letzte Glückseligkeit dürfen einige Seelen schon hier auf Erden erleben - meist ganz unscheinbar im Verborgenen. Denn die Liebe Gottes verwirklicht sich nicht mit Paukenlärm und prunkvollem Glitterglanz. Es sind die im stillen wirkenden Menschen, die an der Basis des Lebens tagtäglich ihren Dienst aus Liebe zum Nächsten tun. Sie werden im Jenseits dienenden Geistern begegnen, die ihnen dann (und nicht erst dann, sondern auch schon zu Lebzeiten auf Erden!) auf ihrem Weg in lichte Welten weiterhelfen. Wer auf Erden bemüht war, den anderen und sich selbst zu verstehen, zu lieben und zu entschuldigen, der wird auch drüben verstanden und entschuldigt werden. Für solche Seelen steht Jesus Christus ganz besonders ein, denn in ihnen durfte ER schon auf Erden wirken.

Jenseits-Erfahrungen hier und heute?

Immer wieder wird mir gesagt, man könne das Jenseits mit unseren begrenzten menschlichen Möglichkeiten doch nicht erleben, jener Bereich sei uns nicht zugänglich. Auch sind warnende Stimmen zu hören, daß uns die Welt der Verstorbenen nichts angehe.

Ich meine, jeder von uns erlebt tagtäglich das Jenseits, denn als Seelen mit unseren Gedanken und Gefühlen (den *Ein-fällen*!) sind auch wir trotz unserem Körper dort beheimatet. Im Traum bewegen wir uns seelisch ganz in der jenseitigen Welt, die für uns dann völlig real ist. Wir fliegen durch die Luft, flüchten oder attackieren und leben ohne Hemmungen unsere ehrlichen Bedürfnisse aus. Die Sprache der Träume stellt eine wichtige Informationsquelle dar. Nur sollten wir uns vor übereilten und "kochbuchmäßigen" Deutungen hüten. Das In-sich-hinein-Spüren und genaue Beobachten der aufsteigenden, die Traumbilder begleitenden Gedanken, Bilder und Gefühle gilt es zu üben.

Immer liegt die Antwort in uns, ist sie im Seelisch-Geistigen zu finden. Diesen Weg nach innen zu gehen erfordert regelmäßiges Stillwerden, Horchen und wachsames Beobachten. Viele Suchende haben durch meditative Übungen Stück für Stück ihre in ihnen wohnende Wahrheit erfahren dürfen und sind hierbei der Engelssphäre nähergekommen. (Ja, es gibt sie tatsächlich, und jeder offenherzige Mensch kann ihnen begegnen!) Sie durften in den Nöten des Alltags Hilfen »von oben« (die göttliche Inspiration durch die Engel) empfangen, was sie immer wieder neu staunen ließ. Denn wer ehrlich bemüht ist, alle Bewährungsproben anzunehmen und seine Lebensthemen zu meistern (also keine Weltflucht!), dem steht der persönliche Schutzengel

bei allen Schwierigkeiten besonders gern bei. Je offener ein Mensch für die höhere Führung ist, desto wirksamer kann ihm geholfen werden. Offensein heißt, die wesentlichen Fragen des Lebens zu finden und diese Fragen in stillen Stunden immer wieder sehnsuchtsvoll an den eigenen Schutzengel (bzw. Gott) zu richten. Der geistig offene Mensch weiß um die eigene Hilfsbedürftigkeit. Wir brauchen den Rat und die Führung der göttlichen Engelswelt, denn der moderne, wissenschaftsgläubige Mensch ist mit seiner Weisheit am Ende. Er produziert mit einer "Lösung" immer nur gleichzeitig drei neue Probleme. Daß es Lösungen höherer Qualität gibt, bei denen keine ständig neu zu entsorgenden Abfallprodukte entstehen, das darf der demütige Mensch in der Begegnung mit der Engelswelt erfahren.

Doch betrachten wir in diesem Zusammenhang noch einmal das zu Anfang beschriebene Seelen-Modell. Gedanken und Gefühle sind Kräfte, die Informationen beinhalten. Den Resonanzboden für diese Informationen bildet unsere Seele mit ihrem jeweils spezifischen Schwingungsmuster. Was den einen aufregt oder erfreut, das läßt den anderen völlig kalt. Der eine Mensch schwingt bei einer bestimmten Thematik mit, der andere hat kein entsprechendes Resonanzmuster in sich und reagiert daher nicht. Je nachdem, bei welchen Reizen (Reizthemen!) wir reagieren, können wir die noch zu bearbeitenden Lebensthemen erkennen. Wichtig ist: Diese Informationen kommen als Einfälle irgendwo her, so wie ein Fernsehapparat entsprechende energetische Wellen von einem Sender empfängt. Wir erschaffen die Informationen nicht in uns selber, so wie das Fernsehgerät die Bilder nicht selber produziert.

Diese Einfälle gilt es nun als *Einfälle* erstmals bewußt wahrzunehmen: Da fällt etwas von außen in mich hinein, ich empfange etwas. Das heißt, ich bin als Seele ein *Emp-*

fänger mit einer bestimmten *Bandbreite.* Wenn ich klar und nüchtern differenziert wahrzunehmen gelernt habe, kann ich die Qualität des *Einfalls* recht schnell erspüren: angenehm oder unangenehm, hell oder dunkel, warm oder kühl, klar oder verwirrend, leise oder laut. Dies braucht tägliche Übung und führt zu einer vertieften, klareren Wahrnehmung, besonders beim Umgang mit Menschen im Alltag. Denn so können wir zum Beispiel leichter erspüren, was für Absichten ein Mensch wirklich hat.

Und woher kommen diese Einfälle, wer steht als Sender dahinter?

Ich entdecke da fünf Senderwelten:

1. Die qualitativ hohen, klaren und reinen Gedanken stammen von geistigen Wesenheiten sprich **Engeln**, die unsere Entscheidungsfreiheit voll respektieren und uns nicht bewerten oder verurteilen. Sie geben uns Einblick in die göttliche Ordnung und können sich ohne Probleme auf die Gegebenheiten des Mediums (Mentalität, Sprache etc.) einstellen.

2. Die nächste darunter liegende Senderebene, die dreifach unterteilt werden sollte, bilden die **Verstorbenen** (ich spreche bewußt nie von »Toten«, da das Wort »tot« eine destruktive und irrgläubige Energie oder Information beinhaltet, denn es handelt sich ja um Seelen, die absolut lebendig sind):

a) Auf höheren, lichten Stufen erhalten wir von den **Helfer-Seelen** Unterstützung verschiedenster Art. Sie bemühen sich, technische Probleme mit uns zu lösen oder zwischenmenschliche Schwierigkeiten positiv zu beeinflussen. Je nach ihren gemachten Erfahrungen und seelischen Verbindungen zu verkörperten Menschenseelen versuchen sie als gereifte Seelen, das irdische Geschehen liebevoll zu lenken. In ihnen ist die Sehnsucht nach dem Licht der Liebe Gottes ganz bewußt vorhanden. Sie wollen gern dienen.

b) In Abstufungen erreichen wir dann die Ebene der **erdgebundenen Seelen**, die zum Beispiel durch Süchte oder schuldhafte Verstrickungen weiterhin an den irdischen Bereich gebunden bleiben. In ihnen mischen sich lichte und dunkle Seiten. Sie klagen andere Menschen noch an, erahnen aber hier und da auch ihre eigene Schuld. Ihnen gilt in diesem Buch unsere besondere Aufmerksamkeit, da wir ihnen über das Gebet und die offene An- und Aussprache weiterhelfen können und dürfen.

c) In noch tieferliegenden Schwingungsbereichen finden sich Verstorbene ein, die ganz bewußt zu Lebzeiten andere Menschen böswillig seelisch oder körperlich Schaden zugefügt haben und hierfür keine Reue zeigen. Ja, ihnen macht es sogar noch Freude, andere auszubeuten oder zerstörerisch zu wirken. Wir können sie als **»unterirdisch gebundene Seelen«** bezeichnen, da die für ihren Bewußtseinszustand gemäße Ortsentsprechung tief in der Erde oder an dunklen Orten (Keller, Burgverließ) liegt. Selbst das normale Tages- oder Dämmerlicht ist ihnen unerträglich.

3. Auf der dritten Senderebene begegnen wir den sogenannten **Dämonen**. Es handelt sich um astrale Wesenheiten ohne Geistkern. Meistens sind sie durch dunkle, lieblose **Gedankenkräfte und Willensimpulse (»Elementale«** nach Daskalos) der Menschen erschaffen worden. Ihre Sprache heißt Zwang, Druck und Angst. Alle Süchte widerspiegeln uns diese Wesensart: Der Süchtige fühlt sich getrieben und unfrei und hat ständig Angst, seine Bedürfnisse nicht befriedigen zu können. Besonders bei kriegerischen Handlungen setzen Dämonen und unterirdisch gebundene Seelen ihr Aggressionspotential frei. Aber man gehe nur mal in eine sogenannte »Spielhölle«, wo vorwiegend Jugendliche ihre

66

Zeit mit Geld- und Kriegsspielen totschlagen: Dort beherrschen jene dunklen Wesenheiten das Feld. Sie stehen in Resonanz zum Schwingungsmuster des sich dort gern aufhaltenden Menschen.

4. Als Gegenstück zu den Engeln Gottes gibt es auch **gefallene Engel**, die mit dem Engelssturz Luzifers die himmlische Sphäre verließen. Sie erscheinen oft in täuschender Weise im Lichtgewand und ahmen das Himmlische gern nach, um Seelen in ihren Herrschaftsbereich zu bringen. Solche Geister suchen nach unseren persönlichen Schwachpunkten, um wirksam den Hebel der Unterjochung ansetzen zu können. Machtgelüste und Geldgier zum Beispiel bilden im Menschen einen guten Landeplatz für jene abgefallenen Engel und entsprechende Dämonen. Ihnen ist jedes Mittel recht, um eine Seele vom Weg der dienenden Liebe abzubringen.

5. Als fünfte Senderebene möchte ich der Vollständigkeit halber noch den **irdisch verkörperten Menschen** erwähnen. Auch er beeinflußt mich mit seinen Gedanken- und Gefühlsimpulsen, und das nicht nur in der unmittelbaren Begegnung, sondern auch über Tausende von Kilometern Entfernung. Wir alle kennen wohl das Phänomen der **Telepathie**: Ich spüre plötzlich, daß ich jemanden anrufen sollte, und jener bestätigt mir dann sein zeitgleiches Verlangen nach einem Gespräch mit mir. So können wir auch über große Distanzen mit anderen Menschen in Verbindung treten und tun dies auch viel häufiger, als wir meinen. Es bleibt meist nur unbewußt und wird vom Kopf nicht registriert.

Wenden wir uns den erdgebundenen Seelen nochmals zu. Sie stehen gewissermaßen zwischen »Himmel und Hölle« und mischen sehr lebendig im irdischen Bereich weiter mit. Wir sagten bereits, daß die Gedanken und Gefühle, von denen die Verstorbenen berührt werden und die sie an uns weiterleiten, sehr menschlicher Art sind: Sie stellen Bewertungen in Gut und Böse dar, vermitteln Zuneigung und Abneigung. Je nach unserem persönlichen Resonanzboden ziehen wir entsprechende jenseitige Seelen an. Gleich und gleich gesellt sich gern, sagt der Volksmund. So auch, was die Diesseits-Jenseits-Beziehung angeht. Der Verstorbene geht gern zu einem Menschen, mit dem er zu Lebzeiten gut bekannt war. So hilft vielleicht der verstorbene Großvater seinem Enkelkind beim Deutschaufsatz, indem er ihm die rechten Gedanken eingibt. Wenn aber dem Schüler bei der Prüfung nur noch Unsinn oder gar nichts mehr einfällt, dann haben ihn offensichtlich »alle guten Geister« verlassen. Den jenseitigen Seelen bereitet es große Freude, ihr einstmals auf Erden erworbenes Wissen - ihre Erfahrungen, die ja seelischer Natur sind - in den Dienst guter Freunde zu stellen. Diese Verstorbenen oder auch höher entwickelte Seelen sowie die Engel sind es, die uns die rettende Lösung bei manchem Problem eingeben. Ob beim Autofahren oder der Computerarbeit, immer stehe ich in Verbindung mit einigen Helfern, ohne die ich die mir gestellten Aufgaben nicht lösen könnte. Dies läuft bei uns allen so ab, nur ist es den wenigsten Menschen bewußt. Beim Suchtphänomen und der Depression hatten wir die Jenseits-Diesseits-Beziehung schon in ihrer belastenden Weise kennengelernt.

An dieser Stelle möchte ich auf den durchaus beachtenswerten Kinofilm »Ghost - Nachricht von Sam« aufmerksam machen, der erst vor einigen Jahren produziert worden und heute als Videokassette erhältlich ist. In filmtechnisch eindrucksvoller Weise wird der gewaltsame Tod eines Mannes und sein Übergang ins Jenseits dargestellt.

Dieser erlebt sich plötzlich als Seele ohne materiellen Körper mit allen Konsequenzen: Andere, irdische Menschen nehmen ihn nicht mehr wahr, ja, sie laufen sogar durch ihn hindurch, als sei er Luft für sie. Die Gesetzmäßigkeit der Seelenwelt wird sehr schön in vielen Szenen dargestellt. Auch kommt die Thematik des Mediumismus zum Ausdruck: Durch eine hellfühlige Frau kann sich der Verstorbene seiner zurückgebliebenen Freundin mitteilen und ihr bei der Aufklärung des Mordes helfen. Ihm wird diese Chance gewährt, weil er ihr zu Lebzeiten versprochen hatte, ihr immer in Liebe beizustehen. Der Film veranschaulicht einen Großteil der Diesseits-Jenseits-Beziehungen und wird für viele Menschen trotz der meist existierenden Ängste einen annehmbaren Einstieg in diese Thematik bilden.

Die Verstorbenen nehmen regen Anteil an den Lernfortschritten der Diesseitigen. Was wir lernen und begreifen, kommt auch ihnen zugute, wenn wir mit ihnen liebevoll verbunden sind und sie noch Mangel leiden. Der Lernprozeß im Diesseits hat aufgrund seiner körperlichen Verbindlichkeit (mit allen ihren folgenreichen Schmerzen) eine mindestens zehnfach höhere Intensität als im Jenseits. Drüben geht alles langsamer, zäher vonstatten, wenn die Seele ein Bewußtsein der Liebe noch nicht entwickelt hat. Viele kennen sicherlich die Situation im Traum: Man will fliehen, doch kleben die Füße in einer zähen Gummimasse am Boden fest, und man geht nur mühselig Schritt für Schritt voran. Vergleichsweise dazu können wir im Diesseits bei halbwegs lernfreudiger Seelenhaltung rennen.

Wie meldet sich ein Verstorbener bei uns, wie macht er sich bemerkbar?

Ganz einfach: er taucht in unseren Gedanken und Gefühlen auf. Dann sollte gefragt werden, welche Qualität diese Gedanken und Gefühle haben. Fühlen wir uns niedergedrückt oder froh, wenn zum Beispiel der verstorbene Onkel sich bemerkbar macht? Besonders das Gefühl verdeutlicht uns seinen seelischen Zustand im Jenseits. Der Verstorbene überträgt es nach seiner »Anmeldung« auf uns, denn *wir sind das Meßinstrument* bei diesem Vorgang.

Auch im Umgang mit den Menschen hier auf Erden erleben wir oft Gefühlsübertragungen: Ich begegne einem traurigen Ratsuchenden, und nach unserem Gespräch fühle ich mich niedergedrückt und dem anderen geht es dann meist ein Stück besser. Seine Seelenkräfte haben sich bei mir entladen, er hat buchstäblich ein Stück seiner Last bei mir abgeladen. Durch das rechte Gebet bin ich allerdings heute in der Lage, diese belastenden Gefühlskräfte umzuwandeln, indem ich diese Gefühls-Elementale in das verwandelnde Feuer der Liebe Jesu Christi gebe.

Das seelische Befinden des verstorbenen Onkels kann bei mir auch als inneres Bild in Erscheinung treten. Ich sehe ihn vielleicht in einem dunklen Nebel umherirrren, was seine Orientierungslosigkeit, sein Unwissen um die geistigen Zusammenhänge und damit den Mangel an gelebter Liebe verdeutlicht.

Hierzu einige konkrete Beispiele aus meiner Erfahrung:

Einen **Selbstmörder** betreute ich im Gebet über viele Monate. Er war beruflich sehr erfolgreich gewesen und hatte Frau und zwei Kinder. Plötzlich kam es ohne jegliche Vorankündigungen zum Selbstmord. Zunächst sah ich ihn (als inneres Bild!) in einer sehr öden Steppenlandschaft umherkriechen. Er war durstig und suchte nach Wasser, was hier seelisch zu verstehen ist: das Wasser des ewigen Lebens! Unter dem Schutze Jesu Christi verband ich mich im Gebet mittels einer Photographie immer wieder mit ihm.

Ich klärte ihn auf über seinen Zustand und die Hilfsmöglichkeit des rechten Betens, die Hinwendung zu Gott. Sein enormer Leidensdruck veranlaßte ihn, zögernd meine Hinweise zu befolgen. Als ich wieder einmal Kontakt mit ihm bekam, sah ich ihn an einer Oase gierig trinken. Endlich konnte er seinen ersten Durst stillen. Aber immer wieder brauchte er Gebetsunterstützung. Nach und nach veränderte sich die Seelenlandschaft, die nur seine innere Verfassung und Entwicklungsstufe widerspiegelte. Der Selbstmörder erzählte mir von wunderbaren Wiesen und Blumen, bald darauf von Sträuchern und Bäumen. Dann endlich kam er zu einem alleinstehenden Haus, wo er die ersten anderen Seelen traf. Große Freude überkam ihn, denn durch den seelischen Austausch mit jenen Menschen lebte er wieder auf. Heute taucht diese Seele in meinem Inneren überhaupt nicht mehr auf. Ein gutes Zeichen: Er braucht meine Hilfe nicht mehr und hat sich bewußtseinsmäßig von der Erde weit entfernt.

Ich erinnere mich sehr gut, wie schwierig es anfänglich war, diesem Selbstmörder (an sich müßten wir genaugenommen von »Körpermörder« sprechen, da er weder seine Seele noch das höhere Selbst umbringen kann), der in der Computerindustrie tätig gewesen war, von der Gnade und Barmherzigkeit Jesu Christi zu überzeugen. Für Religion hatte er auf Erden kein Interesse gezeigt, und auch seine Fähigkeit, Gefühle in der Begegnung mit anderen Menschen zu entwickeln, war weit zurückgeblieben. Er verdammte sich laufend selber für seine Tat und steckte in Gefühlen der Schuld und Selbstanklage. Sein Leben war reine Kopfarbeit gewesen: Zahlen, Daten, Fakten, also Dinge, die isoliert gesehen für das Leben im Jenseits wenig tauglich sind. Die Herzensentwicklung, das Einüben selbstloser (ego-freier!) Liebe, ist das A und das O hier auf Erden. Damit kommen wir drüben immer weiter, denn wo die Liebe leuchtet, da ist wärmendes Licht und die Gnade neuen Lebens.

Nicht immer verläuft der Weg für den Selbstmörder so qualvoll und mühselig (Durst ist rein seelisch erlebt viel grausamer als über einen Körper erlebt). In einem anderen Fall kam die Seele eines jungen Mannes, der offenbar aus größter Seelennot keinen anderen Ausweg mehr als den Selbstmord sah, drüben in einem Garten an. Er berichtete mir, daß er diese Tat nie hätte begehen dürfen, dies sei ihm nun klargeworden. Jetzt jäte er Unkraut, was symbolisch zu verstehen sei und mit den dunklen Stellen seiner Seele zu tun habe. An den Bäumen des Gartens sehe er große leckere Früchte, von denen er aber noch nicht essen dürfe: Sie würden ihm nicht bekommen. Weiter sagte er, es gehe ihm eigentlich ganz gut und er würde weitergeführt werden.

Einen anderen Selbstmörder redete ich im Gespräch mit der Ehefrau buchstäblich herbei: Nach einer Stunde des Redens über ihn stand er hinter mir und wollte in meinen Körper hineinkriechen. Ich empfand einen schrecklichen Kälteschauer am ganzen Rücken und gebot ihm sofort, Abstand zu halten. Dann sprach ich ihn ruhig an, und wir beteten für ihn. Offensichtlich hatte er versucht, von meinem Körper Besitz zu ergreifen, um sich mittels meiner Sprachorgane seiner Ehefrau mitzuteilen und um in meiner materiellen Hülle weiterleben zu können. Nur wollte ich das nicht zulassen, da ich unter Umständen nicht mehr in meinen Leib hineingekommen wäre, wenn er erstmals selbigen besetzt hätte. Dies hätte zur sogenannten »**Besessenheit**« führen können: ein Verstorbener verdrängt eine Seele aus ihrem Körper. Nun spricht und handelt der Verstorbene mit Hilfe eines Körpers. In dem bereits erwähnten Film »Ghost - Nachricht von Sam« ist dieser Umstand eindrucksvoll im Rahmen des **Mediumismus** dargestellt worden. Dabei stellt sich ein medial begabter, also sehr sensitiver Mensch, freiwillig Verstorbenen für Mitteilungen aus der jenseitigen Welt zur Verfügung. Allerdings verliert das Medium bei diesen sogenannten spiritistischen Sitzungen meist sehr viel Kraft und erholt sich nur langsam.

Eine weitere Gefahr liegt im Abhängigkeitsverhältnis, das die jenseitigen Seelen meist gern stärken. Haben sie ein »Sprachrohr« (also einen medialen Menschen) und eine interessierte, genauer gesagt neugierige Zuhörerschaft gefunden, erfreuen sie sich bei entsprechend sensationsgeladenen Durchgaben größter Beliebtheit. Nicht selten geben sie vor, der Erzengel XY, ein biblischer Prophet oder gar Maria oder Jesus selber zu sein. Dadurch besonders geachtet und verehrt, fließt ihnen viel Aufmerksamkeit sprich Lebenskraft von seiten des lauschenden Publikums zu.

Man sollte diesen Bereich sehr nüchtern betrachten und wird, wenn man sich mit den Früchten dieser "geistigen Offenbarungen" näher beschäftigt, schnell zu dem Schluß kommen, daß wohl über 90 Prozent dieser Phänomene von armen, erdgebundenen Seelen des Jenseits verursacht werden. Und dies kann man ihnen aufgrund ihrer Not gar nicht einmal verübeln. Endlich werden sie mit Hilfe weniger schauspielerischer Kunstgriffe beachtet und servieren der Zuhörerschaft eine gute Mischung aus Wahrheit und Täuschung oder nur wohlmeinende geistige Plattheiten, die jeder Amtspfarrer schon x-mal in seiner Sonntagspredigt mitgeteilt hat.

Bei den »Medien« handelt es sich meist um Frauen, da bei ihnen die Qualität des Empfangens und der Hingabe im allgemeinen stärker entwickelt ist. Sie wirken als »Schreib- oder Wortmedien«, das heißt, die Botschaften werden direkt aufgeschrieben oder ausgesprochen. Dabei kann das

Medium in Trance fallen oder voll wachbewußt dem Vorgang beiwohnen. Wir haben es heute mit einer regelrechten Flut von Mediumismus unter dem Schlagwort »Channelling« zu tun. Viele halbwegs sensitive Esoterikgruppenleiter meinen, ihr Publikum mit "Durchgaben aus der geistigen Welt" oder von Wesenheiten anderer Planetensysteme bei der Stange halten zu müssen. Der geistige Wirrwarr, der da oft produziert wird, läßt einem die Haare zu Berge stehen. Aber Gottes geduldige Liebe läßt eben auch hier jedem die Freiheit, sich seine geistige Nahrung selber auszusuchen. Gefährlich und kriminell wird die Sache in dem Moment, wenn die "Geistführer" den Zuhörern Befehle erteilen und zum Verkauf von Immobilien sowie der Aufgabe des Berufes und aller sozialen Bindungen auffordern. Zukunftsängste und Endzeitpsychosen bilden einen idealen Nährboden für die blinde Gefolgschaft. (Ich habe die Strukturen von Führer und Gruppe in meinem Buch »Augenblicke des Erwachens« genauer beleuchtet.) Die Frage ist eben immer, *wer* hier den Anspruch auf die geistige Führerschaft (Meisterschaft) erhebt. Auch einstmals auf Erden herrschende Diktatoren weltlicher oder kirchlicher Prägung spielen im Jenseits gern ihre Rollen weiter. Es gilt das Resonanzgesetz: Gleich und gleich gesellt sich gern! Wer als diesseitiger Mensch noch nicht zu seiner in ihm selber liegenden Weisung - der inneren Stimme - gefunden hat, der braucht noch die schmerzvolle Erfahrung der Irreführung durch diesseitige und jenseitige Menschen.

Sicherlich gibt es Ausnahmen: Reife, sehr liebevolle Seelen, denen durchaus eine belehrende Funktion im Jenseits für einen Diesseitigen übertragen werden kann. Auch teilen sich in seltenen Fällen hochentwickelte Seelen oder gar Engel einer Zuhörerschaft mit. Ich wage einmal an dieser Stelle, einige **Kriterien solcher »Durchgaben«** aufgrund eigener Erfahrungen in diesem Bereich aufzustellen (die Reihenfolge hat nichts mit der Wichtigkeit einzelner Punkte zu tun):

1. Die sich mitteilende Wesenheit verweist den einzelnen Zuhörer immer wieder auf seine schicksalformende Verantwortung und wird eine Entwicklung zur selbstbewußten, dem Leben dienenden Persönlichkeit gutheißen und fördern. Dabei werden den Menschen die eigenen Schattenseiten Stück für Stück bewußt gemacht, und es wird auf die Notwendigkeit ihrer Umwandlung hingewiesen.

2. Die Entscheidungsfreiheit des Zuhörers wird nie eingeschränkt, das heißt, daß er/sie selber immer wieder spüren muß, was für ihn/sie jetzt stimmig ist.

3. Es wird nie gedroht, Druck oder Angst gemacht.

4. Das ewige Harmoniegesetz der Liebe Gottes wird immer wieder neu den Zuhörern nahegebracht. Dabei hat das Mysterium von Golgatha, das Leben, Sterben und Auferstehen Jesu Christi, den höchsten Stellenwert, weil hier die Überwindung des Bösen, der Täuschung, in einmaliger Weise - archetypisch - vollzogen worden ist.

5. Der Zuhörer wird über die Botschaften erfreut, erstaunt und dankbar sein können. Er empfindet das Gehörte als aufbauend und lebensfördernd. Es verbindet ihn mit allem Leben und stärkt seine Fähigkeit, Verantwortung zu übernehmen und seine Schicksalsprobleme zu lösen.

6. Die sich mitteilenden Wesenheiten betonen die Wichtigkeit geistiger Nüchternheit und Klarheit, das Bei-sich-selber-Ankommen, die eigene Mitte erfahren.

7. Das Medium wird eher bei vollem und erhöhtem Bewußtsein als in Trance dienen.

Doch noch einmal zurück zum Selbstmord. Selbstmörder befinden sich fast immer in so großer Not, daß sie sich rücksichtslos an uns hängen und den Diesseitigen energetisch aussaugen. Manchmal übertragen sie ihre Selbstmordgedanken auf Verwandte oder Freunde, die sich dann plötzlich auch umbringen wollen. Erschwerend kommt die Unwissenheit der Seelen hinzu, die meist nicht den Verlust des Körpers wahrnehmen und meinen, sie würden immer noch ganz normal existieren. Ich empfehle den Hinterbliebenen, möglichst mit im Glauben gefestigten und um die Hintergründe wissenden Christen gemeinsam für die Seele im Jenseits zu beten. Ein unsicherer Alleingang ohne die erbetene und schon erfahrene Hilfe Jesu Christi kann gefährlich werden. Formen von **Umsessenheit** oder gar **Besessenheit** können die Folge sein.

Die Umsessenheit äußert sich zum Beispiel in einer zwanghaften Gedankenflut, die als störend und von außen kommend beschrieben wird (zum Beispiel wenn jemand den zwanghaften Auftrag spürt, sich oder einen anderen umbringen zu müssen). Bei der **Manie**, insbesondere mit Wahnideen und Größenwahn, liegt aus meiner Sicht eindeutig Umsessenheit vor: Der Kranke wird von den wilden Einflüsterungen Verstorbener gequält. In seinem Buch »30 Jahre unter den Toten« geht der amerikanische Psychiater Dr. Wickland auf diese Zusammenhänge ausführlich ein. Seine Frau fungierte viele Jahre lang als Medium, um die seine Patienten begleitenden Verstorbenen sprechen zu lassen und sie über ihren Zustand sowie den weiteren Weg (die Ablösung von den Kranken) aufzuklären. Ich war erschüttert, als ich diese Protokolle las und erkennen mußte, wie mühsam, wenn nicht gar oft unmöglich es ist, einem Verstorbenen die Zusammenhänge von Diesseits und Jenseits verständlich zu machen. Denn der einstige Stolz und Hochmut beherrschen die Seelen weiterhin im Jenseits. So wollten sich viele nicht im mindesten belehren lassen.

Die Vorstufe der Besessenheit stellt die **Epilepsie** dar. Genauer gesagt ist sie eine Art verhinderte Besessenheit. Durch den Krampfanfall schützt sich der Betroffene vor dem Eindringen der fremden Seele. Er geht mit seiner Seele so stark in seinen Körper hinein, daß es zu Verkrampfung und Bewußtlosigkeit kommt. Epilepsie stellt einen Kampf um den Körper zwischen zwei Seelen dar. Der Kranke erlebt kurz vor dem Anfall meist das sogenannte Aura-Phänomen. Hierunter verstehe ich ein kurzfristig erweitertes Bewußtsein: Er spürt das Nahen der fremden Seele, dann folgt der Angriff und seine Reaktion, die Verkrampfung. Diese Verkrampfung stellt, wie gesagt, einen Schutzmechanismus dar. Wir sollten versuchen, den fallenden Epileptiker vor einem harten, ihn verletzenden Aufprall zu schützen. Ich habe selbst einem epileptischen Anfall beigewohnt und gebot der angreifenden Seele Sekunden nach den ersten Krampfzeichen, sofort auszufahren und vom Kranken Abstand zu nehmen (dies natürlich im Namen Jesu Christi, denn nur in SEINEM Namen liegt geistige Vollmacht!). Im nächsten Augenblick entspannte sich der Betroffene, kam wieder zu Bewußtsein und neuen Kräften und stand auf. Er brauchte nicht, wie sonst üblich, eine lange Schlafphase zur Erholung nach dem Anfall. Dies überzeugte mich zutiefst von der Vollmacht der Liebe Jesu Christi. In IHM liegt das Heil! Natürlich sollte man danach für den Verstorbenen beten und ihn über die Zusammenhänge aufklären. Dies ist für mich ein Gebot der Liebe Jesu, die sich auch dem jenseitigen Notleidenden zuwendet. Vom Kreuz stieg Jesus zunächst hinab in das Reich der Verstorbenen, um ihnen Erlösung zu schenken.

In diesem Buch geht es besonders um die Hilfestellung *nach* dem Hinübergang, die doch recht viele Verstorbene brauchen, um im Jenseits in die höheren Sphären aufsteigen zu können. Viele Seelen irren jahrelang (manche jahrhundertelang) noch auf Erden umher, fühlen sich "abgeschrieben" und verlassen und holen sich bei den Diesseitigen aufgrund ihrer Notlage Lebenskraft. Dies kann bis zur Depression oder Umsessenheit mit Unruhezuständen, zwanghaftem Gedankenandrang und Panikausbrüchen führen. Ich frage dann immer im Rahmen der Vorgeschichte des Betroffenen nach der Todesart der Eltern, Großeltern, Geschwister und Freunde, je nachdem, wer verstorben ist, und vor allem *wie* das Hinübergehen abgelaufen sei. Liegt Selbstmord, eine Ermordung oder ein tödlicher Unfall vor, so gibt dies wichtige Hinweise auf die seelischen Zusammenhänge. Ich stelle mich auf den Verstorbenen anhand eines Fotos ein und frage nach, wie es ihm gehe und was ich für ihn tun könne. Braucht er/sie noch Gebete, damit sich seine/ihre Seele leichter von der Erde lösen kann? Dies sind für mich wichtige Fragen. Sie haben nichts mit einer »Befragung der Toten« in dem Sinne zu tun, daß man neugierig irgendwelche sensationellen Informationen erwartet. Wie schon gesagt, himmlische Weisheiten vermögen diese Seelen nicht zu vermitteln. Begegne ich hier auf Erden einem in Not geratenen Menschen, frage ich ja auch, was ich für ihn tun könne.

Ein weiteres Beispiel verdeutlicht den Ablauf. Eine mir bekannte Frau, eine geborene Berlinerin, war an Krebs gestorben. Vor ihrem Tod war ich mehrmals bei ihr gewesen, und wir hatten uns über das Jenseits unterhalten. Sie hatte ihr Krankheit angenommen und starb sehr friedvoll zu Hause in den Armen ihres Mannes beim Gebet. Ein paar Stunden danach kam ich in das Sterbezimmer. Um ihr Bett herum standen Blumen und brennende Kerzen, ihr Gesicht widerspiegelte einen tiefen Frieden. Als ich mit ihr im

Zimmer allein war, schloß ich die Augen und fragte sie innerlich, wie sie sich nun fühle. Die Antwort tauchte nach ein paar Sekunden blitzartig im echten Berliner Dialekt auf: »Na jut, det weeste doch!« Sie sagte noch, ich solle mir keine Sorgen mehr um sie machen, die Familienangehörigen bräuchten mich jetzt viel mehr als sie. Für mich war das ein wunderbares Erlebnis. Mir war klar, daß mein Unterbewußtsein diese Antwort nicht selbst produziert haben konnte - noch dazu im Berliner Dialekt, den ich nicht beherrsche. Diese Frau brauchte keine Hilfe mehr, im Gegenteil, vielleicht betete sie bereits für uns.

Es ist für den leichten Weitergang einer Seele im Jenseits von großer Bedeutung, ob sie zu Lebzeiten noch ihre Krankheit, ja ihr ganzes Leben angenommen hat. Innerer Widerstand, das Nicht-vergeben-Können (oder -Wollen) und besonders Haß und Zorn machen den Sterbevorgang zu einer Qual und blockieren drüben den Fortgang. Deshalb ist die letzte ehrlich gemeinte Beichte (Generalbeichte) bei einem Priester oder einer Vertrauensperson (einem priesterlichen Menschen!) von so großer Hilfe. Sie wirkt befreiend und ermöglicht der "Seelenraupe", das alte, zerfallende Gehäuse leicht und schnell als "Schmetterling" zu verlassen, um verwandelt frei dem Licht der Liebe entgegenzufliegen.

Einige Menschen berichteten mir von Träumen, in denen sie den verstorbenen Verwandten gesehen hatten. Zum Beispiel trat der Vater ihnen freudestrahlend und aussehend wie mit einem Alter von ungefähr 25 oder 30 Jahren entgegen. Dies ist als Zeichen eines guten Seelenzustandes zu werten. Die sich entwickelnde, fortschreitende Seele wird im Jenseits wieder jung, das heißt, sie verläßt die erdenhafte Altersgebrechlichkeit und wird wieder kraftvoll jugendlich. Kommt der Verstorbene aber krank, alt und elend mit zerlumpten Kleidern daher, sollte für ihn unbedingt gebetet werden. Der Traum hat seine eigene Symbolik, die vor allem von der Person des Träumenden abhängt. Ich halte solche Träume für eine ernstzunehmende Kommunikationsebene.

Einem fünfjährigen Jungen wurde durch einen Traum der plötzliche Tod seiner Mutter schonend beigebracht. Er erzählte, er sei im Traum mit seiner Mutter auf einer Brücke gegangen, die einen Fluß überquert habe. Auf einmal sei die Brücke zerbrochen, aber beide seien sie über dem Wasser geschwebt und nicht abgestürzt, was ihn sehr erstaunt habe.

Grundsätzlich können wir sagen: Je seltener ein Verstorbener in Gedanken oder im Traum bei uns auftaucht, desto weiter hat er sich von uns in höhere Jenseitsbereiche entfernt (»höher« im Sinne von »dem Licht der Liebe entgegen«). Wir sind dann zwar immer noch durch Bande der Liebe mit ihm verbunden, doch läßt diese Liebe den jeweils anderen völlig frei. Nur allzuoft halten die Hinterbliebenen den Verstorbenen gedanklich, gefühlsmäßig und mit Worten fest, was für die Jenseitigen sehr qualvoll sein kann und ihr Weiterkommen behindert. Die Hinterbliebenen brauchen dann Hilfe, um echte Trauerarbeit leisten und destruktives Selbstmitleid auflösen zu können. Trauerphasen sind ein Teil unseres Entwicklungsweges hier auf Erden. Wir sollen aus unserem Erdenschlaf erwachen und Sterben als Zeichen der Wandlung sehen lernen. Immer geht es um Wandlung, nämlich um das Verlassen alter, dunkler Bewußtseins-Täler, um auf die sonnige Gipfelhöhe einer erweiterten Wahrnehmung zu gelangen. Der irdisch-orientierte Mensch steht bewußtseinsmäßig im Nebel, wenn ihn nicht gar die finstere Nacht einhüllt. Er sucht den Sinn des Lebens dort, wo er nie zu finden ist: in der materiellen, äußeren Welt. Über viele schmerzvolle Wege darf er das Loslassen des Äußeren und die Besinnung auf das Innere, Seelisch-Geistige erfahren. Dies heißt Sterben: Alte Ansichten werden als Täuschung erkannt. Doch der überwundene Irrtum kommt einer Geburt in die befreiende Wahrheit gleich: Ewig lebt und webt das seelisch-geistige Sein! Hier zieht es die Seele auf ihrem mühevollen Schicksalswege bewußt oder unbewußt hin: zu diesem einen, grenzenlosen Sein, das nicht zerstörbar ist. Uns trennt von diesem Sein in und aus Gott eine verschlossene Tür. Ihr Schlüssel heißt »Wandlung«. Diese Wandlung vollzieht sich, wenn wir uns auf dem Wege zu unserem inneren Sein, zur Quelle, befinden. Jede Krankheit und jede Schicksalssituation will uns dabei behilflich sein, damit wir notwendige seelische Korrekturen vollziehen können. Wer einst ergriffen hat, darf das Loslassen lernen und dann erkennen: der Tod eines Freundes, das ist die Verabschiedung an einem anfahrenden Zug. Noch halte ich seine Hand durch das Zugfenster hindurch. Doch im nächsten Augenblick lasse ich los und darf mich mit ihm im Herzen verbunden fühlen.

Wenden wir uns noch den **Spukphänomenen** zu, die meist von unerlösten, erdgebundenen Seelen verursacht werden. Hierzu ein miterlebtes Beispiel:

Ein junger Mann stirbt bei einem Verkehrsunfall. Ungefähr zwei Wochen später sieht seine Schwester des Nachts, wie ein gelbes Hemd durchs dunkle Zimmer schwebt und verschwindet. Von diesem Augenblick an findet sie keinen ruhigen Schlaf mehr. In der Nacht spürt sie jemanden auf sich zukommen, der sogar ihren Hals zu berühren scheint. Vor Schreck tut sei kein Auge mehr zu und fühlt sich nach eineinhalb Jahren reif für den Nervenarzt. Ihr Mann schläft ruhig und friedlich neben ihr, und sie erlebt Angst und Schrecken. Eine vorübergehend bei ihr schlafende Verwandte hört nachts Schritte und nimmt Geräusche wahr, als wenn mit Bauklötzen auf dem Holzfußboden gespielt würde.

Endlich erzählte sie mir von diesen Vorfällen, die sie für "Einbildung" hielt (ein häufiges Problem: wir trauen unseren eigenen Wahrnehmungen nicht!). In unserem Gespräch stießen wir schnell auf den tödlich verunglückten Bruder. Die Schwester ahnte immer mehr, daß er hinter all dem stecken müsse, zweifelte aber noch immer. Ich stellte mich mittels eines Fotos in ihrer Wohnung und in ihrer Gegenwart auf den Verstorbenen ein. Sofort spürte ich einen unangenehmen Druck im Brustbereich, als ob mir die Luft wegbliebe. Die Schwester erlebte dieses Gefühl schon sehr lange. Vermutlich handelte es sich um Nachwirkungen der Unfallverletzungen, die sich tief in die Seele eingeprägt hatten.

Sinngemäß teilte mir der Jenseitige folgendes mit: »Ihr alle habt mich vergessen. An die paar für mich gesprochenen Gebete glaubt ihr ja selber kaum. Ich lebe, und ihr habt mich beerdigt - ich verstehe gar nichts mehr, bin im Land der Vergessenen, hier ist es furchtbar. Es dauert alles ewig lang.«

Die ersten Impulse des Verunglückten, die sich auf mich übertrugen, waren Wut und Ärger. Er lief weiterhin in dieser Welt umher, war aber plötzlich für alle Freunde "Luft". Keiner sah oder hörte ihn, was er als Böswilligkeit interpretierte. So ging er zur sensibleren Schwester, die seine Gefühlsausbrüche besonders nachts zu spüren bekam. Nun sprach ich ihn verständnisvoll an und machte ihm klar, was bei seinem Unfall geschehen war. Ich bat ihn, er möge sich die Szene nochmals genau anschauen: Das kaputte Motorrad, seinen toten Körper in einer Blutlache. Langsam begriff er seinen veränderten Seinszustand als Seele. Ich fragte ihn, ob es ihm nicht aufgefallen sei, wie leicht er sich durch die Wände hindurch bewegen könne, ohne die Tür öffnen zu müssen. Dann erklärte ich dem Verstorbenen, warum ihn kein Diesseitiger mehr hören und sehen könne - er dürfe das nicht als Beleidigung verstehen.

Wir kamen immer besser voran. Die nächtlichen Unruhezustände der Schwester verschwanden langsam. Gemeinsam beteten wir für den Bruder, sagten ihm aber auch deutlich, er möge seine Schwester nicht mehr bedrängen. Wir verwiesen ihn auf Jesus Christus und SEINE Engel. Stark wirkende Gebete zeigten ihm, welche Kraft in der Hinwendung zur Liebe Jesu Christi liegt (»Jesus Christus, das Licht DEINER Liebe erfüllt dieses Haus und rührt die Seelen im Herzen an! DU stärkst sie mit DEINER Liebe!«).

Nach ungefähr zwei Monaten war der Bruder weiter aufgestiegen und damit von der Erdsphäre frei. Er wird nun im Jenseits Schulen besuchen und weitere Weisungen und Aufgaben auf seinem Weg erhalten. Inzwischen kamen aber weitere Verstorbene und wollten auch Lebenskraft haben. Unser Gebetsdienst hatte sich drüben herumgesprochen - genauso, als wenn es auf Erden irgendwo Freibier mit einer kostenlosen warmen Mahlzeit gibt: Alles läuft gern in solch eine Herberge.

Also hieß es, geduldig den Dienst weiterzuführen. Die Unruhephasen der Schwester schwankten hin und her. Ich empfahl ihr, den armen Seelen keinen Widerstand entgegenzusetzen, denn um so mehr Druck würden sie ihr machen. Offenbar stand diese Thematik im Leben jener Frau jetzt an, und da hieß es, sich für die selbstlose Hilfe zu entscheiden. Oft betete sie nur, um die Verstorbenen möglichst schnell loszuwerden. Doch die Liebesstrahlung Jesu Christi in ihr mußte größer und größer werden, damit all die

Seelen sich entscheiden konnten: Will ich lieben oder hassen, will ich dienen oder herrschen? Dies ist die schwere Schule der Überwindung des Egos, bis wir uns ganz in Jesu Hand fallen und SEINEN Willen - reine Liebe! - geschehen lassen. ER ist es, der das Wunder der Liebe wirkt. Wir dürfen SEINE Zeugen sein.

Mittlerweile hat jene Frau wieder Ruhe und Schlaf gefunden. Sie hat eine wichtige Aufgabe ihres Lebens bewältigt und wertvolle Erfahrungen sammeln dürfen. Ihre Wahrnehmungsfähigkeit ist erweitert worden, was den bewußten Umgang mit den Themen des Lebens erleichtern wird.

Hin und wieder erlebe ich auch Verstorbene, die sich von selber bei mir melden, wenn wir miteinander verbunden waren. Eine brustkrebskranke Frau hatte schon zu Lebzeiten ihren besonderen Humor und teilte mir nach ihrem Hinübergang freudig mit, daß sie nun wieder »ganz« sei, also einen vollständigen Seelenleib habe.

Es ist eine tiefgreifende Erfahrung, sich mit Menschen auch über ihren Tod hinaus verbunden fühlen zu dürfen und über ihr Befinden Auskunft zu erhalten. Dies sowie die Erfahrung der christlichen Dimension, zum Beispiel der Kontakt zu meinem Engel, haben mir die Angst vor dem Tod genommen. Angesichts der schönen, licht- und liebeerfüllten Jenseitssphären freue ich mich schon heute auf meinen Abschied von der alten Welt (mit ihren Zahnkronen und all den anderen Krücken und Hemmnissen), wenn ich zum letzten Male ausatmen darf. Denn es folgt das Einatmen des Liebe-Lichts, mit dem Jesus Christus einen jeden speisen möchte, der sich nach dieser Liebe sehnt.

Gerade die Beschäftigung mit dem Sterben und der jenseitigen Welt hat mir den übergroßen Wert meines irdischen Lebens bewußt gemacht. Hier auf Erden wird getan oder

84

vertan! Insofern warne ich vor einer Weltflucht hinein in nicht vorhandene Wolkenschlösser. Echte Esoterik meint immer die Annahme der Verantwortung für das eigene Denken, Fühlen, Wollen und Handeln. Dazu müssen wir aber aus unserem Schlaf der Schuldprojektion erwachen, um verantwortungsvoll das eigene Schicksal schöpferisch, weise und liebevoll zu gestalten. Wir sollen oben und unten, innen und außen, Geist und Materie, Diesseits und Jenseits in unserer Seele miteinander verbinden. Die Gespaltenheit und den Zweifel der Welt gilt es zu überwinden. Genau dies war und ist der Auftrag Jesu Christi: uns in die Fülle der Wahrheit hineinzuführen, damit wir frei werden. Jeder Mensch darf und soll an seiner persönlichen Wandlung mit-arbeiten, soll zum Zeugen des Erlösungswerkes Christi wer-den. Die **Hindernisse** auf dem Weg in die vollkommene Weisheit und Liebe haben wir selber errichtet. So sind wir es, die die Hindernisse auch wieder auflösen müssen, wenn wir die Freiheit der Liebe erfahren wollen. Einige wesent-liche Hindernisse will ich im folgenden beschreiben:

1. Mit allen **Unaufrichtigkeiten und Unwahrheiten**, die ich in Gedanken, Worten und Taten begehe, webe ich Schleier um mich herum, die mich die Wirklichkeit nicht mehr klar und nüchtern erkennen lassen (Lüge, Notlüge, angepaßtes, unehrliches Verhalten). Dies trennt mich von Gott und von meinen Mitmenschen. Wir sollen Gott »im Geist und in der Wahrheit anbeten«, wir sollen wahrhaftig sein uns selbst, anderen und Gott gegenüber. Wenn wir die Liebe und Weisheit Gottes suchen, dürfen wir vertrauens-voll glauben, daß ER uns so annimmt, wie wir sind. Wir sollen also Gott und uns selbst nicht täuschen, denn Hoch-mut und Stolz führen immer zur Selbsttäuschung und kön-nen am Ende nur mit einer *Ent-täuschung* bezahlt werden.

Meine Innenwelt kennenzulernen heißt auch, meine eigentlichen Motive zu durchleuchten. Was will oder ersehne ich für mich und für andere? Drücke ich dies in den entsprechenden Worten aus, oder verberge ich meine Beweggründe?

2. Die alten **Wunden der Seele**, unsere unerlöste Vergangenheit, die schmerzvollen Erinnerungen: all dies muß geheilt werden. Wir sollen Eigenverantwortung für unsere Gedanken, Gefühle, Worte und Taten entwickeln - für unser Schicksal. Die Schuld-Projektion, die Beschuldigung anderer, löst keine Probleme. Wir dürfen das Entschuldigen lernen, indem wir uns bemühen, den anderen Menschen in seinem Sein zu verstehen. Auch sollen wir die Selbstanklage aufgeben, die meist den Hochmut als versteckte Wurzel hat. Das zwanghafte Gut-sein-Wollen steht einer ehrlichen Annahme der eigenen Schattenseiten am meisten im Wege. Hier möchte uns die Liebe Jesu, die Kraft SEINES Opfers von Golgatha, helfen, um verwandelndes Licht in die Seelennacht zu bringen.

3. Abhängigkeiten und Süchte jeglicher Art (Schokolade, Zigaretten, Alkohol, Essen, Besitz, Mode, Fernsehen, Sex, Arbeit, Sport, Menschen, Dogmen, Befragung der Verstorbenen, Magie ...) bilden mit die schwersten Hindernisse auf dem Weg nach innen. Süchte stehen immer für ein seelisches Defizit, einen Mangel an Liebe. Jeder Süchtige ist ein Suchender. Die Problematik besteht darin, daß hier »Leben« über die Reize des Suchtobjekts definiert wird. Der Süchtige lebt nicht aus seiner persönlichen Mitte heraus. In jener Mitte würde er nämlich die Schlichtheit und Schönheit des einfachen, nüchternen Seins erfahren - frei von allen Abhängigkeiten. Da, wo er gähnende Leere vermutet -

nämlich im Alleinsein ohne Suchtmittel - würde ihm die Fülle des Lebens begegnen, wenn er endlich bei sich selber ankäme.

Besonders das Fernsehen mit seinen vielen Bildern vom Leben aus zweiter Hand ist zu einem ernstzunehmenden Störfaktor für die spirituelle Entwicklung geworden. Vermutlich können die wenigsten Menschen mit dem Medium Fernsehen in gesunder Weise umgehen, das heißt, gezielt aufbauende und wesentliche Informationen enthaltende Sendungen auswählen. Je mehr ich äußere Bilder konsumiere, desto schwieriger wird das Entdecken der eigenen Seelenbilder. Die Scheinwelt des Fernsehens stellt nie eine selber erlebte Wirklichkeit dar, sie ist also Täuschung! Aus diesen Täuschungen basteln sich viele Menschen ihr eigenes, sehr begrenztes *Bild* von der Wirklichkeit: ihr Weltbild. Doch Bilder sind und bleiben Bilder, eben Vorstellungen, die der Lebendigkeit des selber ehrlich Erlebten entbehren. Nur weil ich mal Bilder von Japan gesehen habe, suggeriert mir das Fernsehen, Japan zu kennen, auch wenn ich noch nie dort war. So werden Meinungen gemacht und manipuliert, und die Seele entfernt sich zunehmend von ihrer inneren Führung.

4. Neugierde und Sensationslüsternheit verbauen uns den Weg zur höheren geistigen Welt sprich weit entwickelten Verstorbenen oder Engeln. Echter Wissensdurst im Sinne der Sehnsucht nach Wahrheit steht ganz im Gegensatz zur oberflächlichen Neugierde. Wer ehrlich sucht und bereit ist, sich in Frage zu stellen und an sich zu arbeiten, dem erschließen sich hohe geistige Quellen. Dem Neugierigen entziehen sich die Engel, da er nur den Nervenkitzel des Neuen genießen möchte und nicht ernsthaft an seiner Entwicklung arbeiten will.

5. Andere Menschen beeinflussen, kontrollieren oder beherrschen wollen, dies verbaut den Weg in die höhere seelische und in die geistige Welt, in der der Dienst am Nächsten und am Ganzen im Mittelpunkt steht. Denn dieser Dienst ist Ausdruck der Liebe Gottes, so wie Jesus uns durch seinen Weg auch heute noch dient. Machtgelüste jeglicher Art stehen im krassen Gegensatz zur geistigen Welt. Durch die Unterdrückung und Manipulation anderer kettet sich der Mensch an seine Opfer und wird entsprechend seiner Taten selber unfrei. Auch der Überzeugungstäter, der es *schrecklich* gut mit seinen Mitmenschen meint, ist in seinem Größenwahn zum Manipulierer geworden. Wir dürfen den Nächsten so lassen, wie er ist. Denn das ist Liebe: sie läßt den anderen immer frei.

6. Sich selbst mit anderen Menschen - oder andere Menschen miteinander vergleichen, dies schafft unnötige Abgrenzungen und Spaltungen, die der Liebe Gottes nicht entsprechen. Jeder Mensch ist einmalig, trägt einen einzigartigen Aspekt Gottes in sich, ist Individuum. Jeder ist und darf anders sein. Gleichmacherei zerstört die Vielfalt und Schönheit der göttlichen Schöpfung.

Vergleiche ich mich mit anderen, so geht es immer um ein Besser- oder Schlechtersein, was nur den Hochmut oder eine falsche Demut nährt. Dies entspringt einer egozentrischen Selbstbeobachtung und trennt mich vom anderen. Jede äußere Trennung hat wiederum ihr Abbild in meinem Innern: das Abgetrenntsein von meiner Mitte, dem höheren Selbst. Wird die seelische Entwicklung zu einem spirituellen Wettlauf mit Gleichgesinnten, verfehlen wir das Ziel, die Liebe Gottes, ganz gewiß.

7. Das Verdrängen, Bekämpfen oder Verteufeln der dunklen, lieblosen Seiten der Seele verstärkt dieselben nur noch mehr. Wir dürfen lernen, in der Stille alles liebevoll zu betrachten und Jesus Christus zu übergeben. Jede Schattenseite soll in Licht verwandelt und damit erlöst werden. Denn all diese dunklen Aspekte beinhalten unsere Täuschungen und Irrtümer. Die Wahrheit Christi wird uns freimachen, wenn wir um das Licht der Wahrheit bitten.

8. Begrenzte Gottesvorstellungen, Fixierungen auf irgendwelche Gottesbilder stellen bei vielen Menschen fast unüberwindliche Hindernisse dar. Woran ich nämlich glaube, genau das ist meine Welt. Was ich für möglich halte, nur das sind meine Möglichkeiten. Wenn es für mich zum Beispiel keine Engel gibt, dann werde ich Engeln auch nicht begegnen können, ich kann sie nicht wahrnehmen. Das Gottesbild eines Menschen ist Abbild seiner eigenen Vergangenheit. Er projiziert beispielsweise sein gewalttätiges Verhalten oder das seines Vaters in den größten Spiegel, Gott, und glaubt an einen rächenden, gewalttätigen Gott. Diese Projektionen gefühls- und gedankenmäßig bewußt zu machen, sie zu durchschauen und aufzulösen, dies ist die in der Psychotherapie zu leistende Arbeit.

Jeder Mensch formt sich durch seine Gottesvorstellungen entweder Mauern oder Brücken zu Gott hin. Der alte jüdische Gesetzesglaube besagte, daß Gott die Menschen nur dann liebe, wenn sie die Gesetze genau erfüllten. In uns allen können wir wohl Spuren dieser Haltung entdecken: Wir wollen es Gott recht machen, wollen IHM gefallen, um geliebt zu werden. Diese an Bedingungen geknüpfte "Liebe" übertragen wir auf unsere zwischenmenschlichen Beziehungen. So sind wir nur dem zugeneigt, der sein Wohlverhalten uns gegenüber bekundet. Der geistig offene Mensch aber wird immer wieder staunend erkennen: GOTT ist unfaßbar, SEINE Liebe kennt keine Grenzen.

9. Die Unfähigkeit, sich wenigstens einem Menschen ganz zu offenbaren. Nur wer seine Innenwelt mit all ihren Höhen und Tiefen einem vertrauten Menschen mitteilt, kann die heilende Liebe Jesu in solch einer Begegnung erfahren. Sich jemandem ehrlich mitzuteilen bedeutet immer ein Stück Bewußtwerdung. Entwicklungsprozesse geschehen im lebendigen Austausch der Menschen, denn Leben ist Begegnung.

Schlußwort

Wir leben in einer Zeit des Umbruchs. Ein Bewußtseinswandel ist notwendig geworden, wenn wir körperlich und seelisch-geistig überleben wollen. Die Frage nach dem Tod und dem Danach muß gestellt werden, denn sie ist eng mit der Sinnfrage unseres Daseins verbunden. Fanatismus jeglicher Art - ob nun religiös oder wissenschaftlich motiviert - behindert die Entwicklung des Menschen. Mit offenem Herzen und nüchternem Verstand sollten wir die Fragen zu stellen wagen, deren Beantwortung bisher weit außer Reichweite erschien. Dabei wird deutlich werden: Wir tragen wesentliche Meßinstrumente zur Erforschung der Wirklichkeit in uns, ja, wir sind Meßinstrument und Empfänger als seelisch-geistige Wesen. Es gilt, Wege der bewußten, nüchternen Wahrnehmung konsequent zu beschreiten, um Hilfen für den Weg aus der Verwicklung zu empfangen.

Echte Inspiration, wie sie uns aus der Engelssphäre zuteil werden kann, wird uns in neue Dimensionen des Seins führen. Das Titelbild dieses Buches mag als Zeichen des Aufbruchs aufleuchten: Ein spirituell suchender Freund von mir, Dieter Berger, photographierte vor ein paar Jahren im Bremer Stadtpark ein paar Bäume im Sonnenlicht. Erst nach der Entwicklung des Filmes sah er jene Lichterscheinung, die ich persönlich für den Beginn einer Engelsmanifestation halte. In feinen pastellartigen Regenbogenfarben leuchtet eine nicht faßbare Lichtquelle in der Luft schwebend uns entgegen.

Auch das Dalienbild auf Seite 23, das von Frau Edith Schläfke im Hamburger Stadtpark photographiert worden ist, offenbart bei näherem Hinschauen den Kopf eines Kindes mit hellem Haarschopf (im rechten oberen Viertel). Ich halte dieses Wesen für die Dalienfee, ein Naturgeist, der über das Wachstum der Dalien wacht. Der reine Verstandesmensch wird diese Vermutungen als Unsinn abtun, denn er hat es verlernt, sich in das tiefere Wesen des Seienden einzufühlen. Ihm fehlt ein wichtiges Wahrnehmungsorgan: das intuitive Erspüren oder Herzdenken. Zu sehr haben wir uns bloß auf unsere fünf Sinne verlassen und die inneren Wahrnehmungsorgane vernachlässigt. Der suchende Mensch unserer Tage findet wieder zu dem, was man seit Jahrtausenden als innere Einkehr, Versenkung, Stille oder Meditation bezeichnet hat. Dort, im Innersten unserer Seele, kann sich die Begegnung mit dem Numinosen, dem Unfaßbaren ereignen. Dort, und nur dort, sollen wir nach dem Reich Gottes suchen.

»Das Reich Gottes kommt nicht
mit äußerlichen Gebärden; man wird auch nicht sagen:
Siehe, hier! oder: da ist es!
Denn sehet, das Reich Gottes ist inwendig in euch.«

(Jesus zu den Pharisäern; Luk. 17, 20 + 21)

Literaturempfehlungen

»Das Leben nach dem Tod« Dr. Raymond Moody

»Nachgedanken über das Leben nach dem Tod«
Dr. Raymond Moody

»Interviews mit Sterbenden« Dr. Elisabeth Kübler-Ross

»Was können wir noch tun?« Dr. Elisabeth Kübler-Ross

»Rückkehr von morgen«
George Ritchie & Elisabeth Sherrill

»Ich war klinisch tot. Der Tod - mein schönstes Erlebnis«
Stefan von Jankovich

»Zeugen für das Jenseits« Aglaja Heintschel

»Meine Gespräche mit armen Seelen« Eugenie v.d.Leyen

»Wie beginnt das menschliche Leben«
Prof. Erich Blechschmidt

»Krankheit als Sprache der Seele« Dr. Rüdiger Dahlke

»Krebs aus einer neuen Sicht« Klaus-Dieter Nassall

»Ganzheitliche Therapie« Klaus-Dieter Nassall

Fordern Sie den **aktuellen Verlagsprospekt** an, um sich über die direkt zu beziehenden Bücher und Neuerscheinungen informieren zu können.

Über den Autor

Reinhard Lier, Jahrgang 1960, stammt aus Bad Sachsa am Süd-Harz. 1980 Abitur in Itzehoe, Schleswig-Holstein. Ein Sohn (Jahrgang 85) und eine Tochter (Jahrgang 86) aus erster Ehe, die beide beim Vater leben. Von 1982 bis 1985 dreijährige Ausbildung an der Norddeutschen Heilpraktiker Fachschule D.H.e.V. in Hamburg. Seit 1987 Vortragsreisen von Hamburg bis Wien und Südtirol. Die Tätigkeit verlagerte sich mehr und mehr in den Bereich der christozentrischen Psychotherapie.

Ab November 1993 Praxis und Verlag in Baden-Baden, Jochenmattweg 22. Es werden Vorträge und Selbsterfahrungskurse abgehalten. Nähere Informationen sowie den Verlagsprospekt bitte direkt anfordern.

Quellennachweis

Zitate:
1. »Wie beginnt das menschliche Leben«
Prof. Erich Blechschmidt (Christiana Verlag)

2. »Pschyrembel - klinisches Wörterbuch« 254. Auflage;
1982; Walter de Gruyter Verlag

3. »Nachgedanken über das Leben nach dem Tod«
Dr. Raymond Moody; Rowohlt Verlag; Copyright 1978 by
Rowohlt Verlag; Auflage: 88.- 90. Tausend März 1991
Zitate: 3A: Seite 18 und 19; 3B: Seite 50; 3C: Seite 38

4. »Die Bibel nach der deutschen Übersetzung von
D. Martin Luther« (Würrt. Bibelanstalt, Stuttgart 1952)

Bilder:

Titelbild von Dieter Berger, photographiert im Bremer
Stadtpark. Mit freundlicher Genehmigung wurden dem
LIER-VERLAG die Rechte der Veröffentlichung im
Rahmen dieses Buches zugestanden.

Seite 18: Zeichnung, Reinhard Lier

Seite 23: Dalienbild von Edith Schläfke, photographiert im
Hamburger Stadtpark. Mit freundlicher Genehmigung wurden dem LIER-VERLAG die Rechte der Veröffentlichung
im Rahmen dieses Buches zugestanden.

Seite 44: Zeichnung von William Blake (1805)

Seite 47: »Das Paradies« (Ausschnitt) von Hieronymus Bosch (um 1450 - 1516)

Seite 61: Ausschnitt aus einer Radierung von Rembrandt van Rijn, um 1642/1649 (?); »Christus heilt die Kranken«

Seite 63: Gustave Dore, »Maria Verkündigung«

Augenblicke des Erwachens

176 Seiten, Hardcover, DM 32.- /SFr. 29.- /ÖS 225.-

Zwei Leseproben:

Wahrnehmung und *Annahme* heißen die beiden schwersten Aufgaben, die den Prozeß der Verwandlung des Menschen ausmachen. Erkenne den häßlichen Frosch, das Ungeheuer in dir, und hab es lieb! Das Märchen vom *Froschkönig* zeigt so wunderbar, worum es geht. Jeder "Frosch" in uns birgt einen verwunschenen Prinzen, enthält ein schöpferisches Potential, das auf seine Freisetzung wartet. Unser verkopftes Tagesbewußtsein schaut den Frosch höchstens aus der Distanz an und behauptet, mit ihm nichts zu tun zu haben. Dabei ist *er* es im Märchen, der die verlorene goldene Kugel aus dem unergründlichen Brunnen hochholt. Wir alle haben unsere goldene Kugel, ein Symbol der Unschuld und Einheit, verloren. Es ist die Aufgabe des Ungeheuers in uns (eben dessen, was uns »ungeheuerlich« erscheint!), diese goldene Kugel zurückzugewinnen. Bis wir erfahren: Das Ungeheuer, das bin auch ich! Und nur die bewußte Vereinigung mit diesem fehlenden Anteil meines Wesens kann mich zur Einheit mit dem Leben zurückführen. Die Vereinigung mit jenem Schattenwesen aber kann allein durch das geschehen, was erbeten sein will: *Liebe*.

Schauen wir uns einige Denkschablonen, die sich oft auch in frommen Programmen (Idealen) verstecken und dann die Rolle bilden, die wir spielen wollen, genauer an:
1. Das **Wohltäter-Programm** besagt so viel wie: "Ich bin der gute Helfer für die notleidende Menschheit, ich weiß genau, was euch allen gut tut und werde es euch geben." (Und sei es auch mit subtiler Gewalt! - der sog. »Überzeugungstäter«.) Mit Missionseifer geht der Mensch hier in den Kampf gegen Not und Teufel, ohne dabei die eigenen Kräfte (Grenzen) zu schonen. »Vergewohltätigung« empfinden dabei oft die Opfer solcher Helfer. Wir kennen dieses krankhafte Helfenmüssen um jeden Preis heute unter dem Begriff des »Helfersyndroms«. Meist sind es Menschen in den sogenannten Helferberufen wie Arzt, Psychotherapeut, Heilpraktiker, Krankenschwester und Pastor. Vor uns steht der "hilflose Helfer", der, wenn er Stille und Nichtstun aushalten müßte, mit den eigenen Seelenschmerzen konfrontiert würde. Die Helfer- oder Arbeitssucht aber überdeckt ständig alle Gefühle der Unstimmigkeit. Das zwanghafte Gut-sein-Wollen und "der Kampf mit der Finsternis" verschärfen den spannungsgeladenen eigenen Konflikt.

Aus dem Inhalt:
Dem Leben begegnen <> Körper, Seele, Geist <> Denken, Fühlen, Wollen <> Sieben fundamentale Erfahrungen <> Ich spüre, daß etwas nicht stimmt <> Die Sache mit der Bombe <> Sucht im Zeichen der Suche <> Und mich gibt es auch noch <> Gottesbild und Gotterfahrung <> Individuum und Gruppe - Zur Frage geistiger Autorität <> Liebe deinen Nächsten <> Liebe und ihr Offenbarwerden in Seele und Körper <> Meditation <> Beten und arbe(i)ten <> Die Basis der Meditation: ein lebendiger Leib <> Ich und die Welt <> Untergang heißt Wandlung

Reinhard Lier

Augenblicke
des Erwachens

Wahrnehmungen auf dem Weg
in die Liebe

LIER VERLAG

In meiner Welt ist alles Gegenwart,
und was sich bei dir auf Erden
in einem Anfang schmerzlich offenbart,
das ist bei mir bereits vollendet,
denn in dem einen Samenkorn
schau ich zugleich die ganze Ähre.
Das Stirb und Werde,
für mich ist`s **eine** heilige Bewegung,
und die heißt Sein.

Höre die Stimme der Stille

Ein Meditationsbuch über Engel in Wort und Bild
von Dagmar Ruth Becher und Reinhard Lier

LIER VERLAG

Höre die Stimme der Stille
Ein Meditationsbuch über Engel in Wort und Bild
72 Seiten mit 32 Monochrom-Fotographien (türkis)
Hardcover, DM 24.- /SFr. 22.- /ÖS 170.-

Ulla Frank

Was passiert, wenn ich sterbe?

Ein Aufruf zum Leben für Leser jeder Altersgruppe

40 Seiten, farbig bebildert, kartoniert, DM 29,80/SFr. 27.-/ÖS 190.-

(seit Dezember 1992 mit allen Rechten vom LIER-VERLAG übernommen)

Ulla Frank schildert in ihrem Kinderbuch die bewegende Geschichte der kleinen "Lisa", die ganz traurig ist über den Tod ihres Kanarienvogels "Picky". Im Wald trifft sie den Schmetterling "Fidelio", der ihr am Beispiel seiner eigenen Wandlung - vom Ei über die Raupe und Puppe - die Entwicklung aller Lebewesen erklärt. In einem Traum darf Lisa die Wirklichkeit der jenseitigen Welt mit ihren vielen Wesenheiten kennenlernen. Bewegt und ermutigt kehrt sie in die irdische Welt zurück.

Eine Leseprobe:

Als Lisa in der jenseitigen Welt erwachte, kamen ihr von allen Seiten zarte und fröhliche Töne entgegen. Immer heller wurde es um sie herum. Ihre kleine Seele erhob sich und durchschritt nun ein hell erleuchtetes Tor. Es war das Tor des Lebens.

Ganz plötzlich schossen ihr Gedankenbilder durch den Kopf. Da, jetzt konnte sie ganz klar und deutlich erkennen, wie sie vor der kleinen Petra stand und über ihre Brille lachte. Plötzlich spürte Lisa einen Schmerz in ihrem Herzen. Sie erkannte nun, wie sehr ihr Hänseln dem Mädchen geschmerzt hatte. Nie wieder wollte sie über andere Menschen lachen, das wußte sie genau.

Ulla Frank

Was passiert, wenn ich sterbe?